もうひとつの精神分析入門

こころというフィールドとの出会い

G. チヴィタレーゼ　A. フェッロ
筒井亮太 監訳

木立の文庫

Un invito alla psicoanalisi

UN INVITO ALLA PSICOANALISI
(A Short Introduction to Psychoanalysis)

Giuseppe Civitarese & Antonino Ferro

"Questo libro è stato tradotto grazie ad un contributo
alla traduzione assegnato dal Ministero degli Affari Esteri
e della Cooperazione Internazionale italiano"

この本はイタリア外務・国際協力省の翻訳助成金を受けて翻訳されたものです。

日本語版まえがき――こころの臨床を営む私たち

筒井 亮太

『今日……ここに来るの、しんどかった』
『この場は、落ち着くんです』

セラピーを提供するなかで、このような発言をするクライエントに、一度ならず会ってきました。きっと、私だけではないでしょう。前者は〈陰性感情〉を、後者は〈陽性感情〉を表明している、ということになるのでしょうが、あらためて考えると、少し不思議かもしれません――これらの感情の**向かう先**はどこなのでしょう？

仕事柄、私は海外の分析臨床の文献を読むことも多いのですが、〈転移〉が向けられる先は、ほとんどが「治療者」と議論されています。『今日……先生に会うの、しんどかった』『先生といると、落ち着くんです』というように、クライエントは治療者という人物とのあいだに感情を持ち込みます。クライエントの過去の対人関係が、現在の治療者との関係に繰り返されるのです。ところが、不思議なことに、ここ日本においては、クライエントの多くが、治療者との関連で感情を直接的に表明しないようです――これはあくまで私の肌感覚なのですが。

これまで私は「この現象は、文化的な要因に起因している」と、ぼんやり考えていました。つまり、クライエントは治療者に転移の文脈で感情を向けているのだけれども、その感情を直接的には表現できないために、婉曲的に伝えてきているのだ、と。たしかに、その可能性はあるでしょう。また、その可能性に基づいて、治療者は解釈を繰り出す場面もあるでしょう。実際、感情心理学の分野では、感情表現が文化的コードに従って変形されることは、一定のコンセンサスを得ているところです。

しかし、私はこの精神分析的〝フィールド理論〟と出会うことで、別の視点を入手することができました。ひょっとすると、クライエントは存外、面接空間そのものを話題にとりあげているのではないか？　と考えるようになったのです。

日本という極東の国は、精神分析のみならず、種々の心理療法・カウンセリングのカルチャーの主流から少し離れたところに位置しています。「内観療法 *Naikan therapy*」や「森田療法 *Morita therapy*」「動作法 *Dohsa-Hou*」などの日本独自の心理療法（これらが昨今の「身体アプローチ」や「マインドフルネス」の思想と共鳴するのは、興味深い点です）に代表されるように、日本の文化は幾分、ガラパゴス的に発展している節があります。しかし、一見すると接点がなさそうに見えても、時折、思わぬ点でクロスオーバーするのはいつの時代も興味深いものです――たとえば、土居健郎の「甘え amae」は、[1] マイケル・バリントの「一次愛」と重なる点が多く、両者が驚いたというエピソードがあります。

このように、この〝フィールド理論〟も、日本ですでに馴染んでいる視座と多くの共通点があると思われるのです。私の考える文化的接合点を列挙してみましょう。

○面接全体をひとつの「空間」として、構造や設定の視点から捉える小此木啓吾の〈治療構造論〉が臨床教育上も実践上も大事にされている。[2] この理論の背景にはさまざまな臨床家の叡智が詰まっているが、ロバート・ラングスの構造論、[3] バランジェ夫妻ら南米分析家の思索も含まれている。[4] つまり、治療構造論も〝フィールド理論〟も、その着想の源流に同じ水源が含まれているのだ。

○鑪幹八郎や[5] 一丸藤太郎[6] ら、米国のホワイト研究所で学んだ臨床家たちの実践は、時折「解釈なき精神分析」と言われていた。解釈のみならず、治療行為全般に対して一定の留保を設けるという姿勢は、カール・ロジャーズの影響もあり、存外、日本の臨床シーンでは広く観測される現象だった。これは、ややもすると否定的に捉えられがちだったが、「解釈しないこと――しすぎないこと」に開かれているフェッロの姿勢と共鳴する箇所もあるだろう。[7]

○前田重治の〈芸論〉[8] や北山修の〈劇的観点 *drama-based view*〉[9] に代表されるように、古今、臨床上の訓練や現象を「劇」や「物語」の視点で紐解く姿勢が日本には存在している。これは河合隼雄がユング派の視点を換骨奪胎して日本の昔話に適用した臨床感覚とも軌を一にしている。[10] また、「キャラを演じる」という表現にもあるように、なにかを演じることを自覚的に引き受けつつも、キャラと「素の自分」のギャップに苦しむという臨床事実も考えると、興味深い。

○日本文化に深く浸透している「禅 *Zen*」の考え方に惹かれる西洋の学者や臨床家は多い。たとえばハイデガーは、自身の思索で言いたかったことはすでに禅の思想が言及していた、と述懐していたという。臨床家のなかでも、カール・G・ユングやエーリッヒ・フロムが東洋思想に大きな関心を寄せていた。わけても、〝フィールド理論〟が基盤としている精神分析家ウィルフレッド・R・ビオンが禅を強く意識していたのは、特筆すべきことだろう。[11]

○また、日本の哲学者である西田幾多郎を援用する精神病理学者・木村敏は、ヴァイツゼッカーの「ゲシュタルトクライス」を敷衍して〈あいだ *Aida*〉というコンセプトを析出した。[12] イタリア語同様、主語が省略されることの多い日本語の特徴からもわかるように、日本では主客関係がぼやかされる。このような言語感性でもって、木村は、周囲にある環境や風土から人間の性質が大きく規定される点を浮き彫りにし、生命そのものが「自分の関係するモノ・コト」から強く影響される様子を描いた。

○私自身の哲学的素養がないために、木村の「あいだ」論を詳述できない。そこで少し、社会学的・人類学的視点に目を移してみると、中根千枝の「タテ社会」の構造分析が思い当たる。[13] 中根によると、個人が先天的に所有したり後天的に獲得したりする「資格 *qualification*」と人間関係を規定する地域や所属先などの「場 *Ba/field*」のうち、日本では後者が優先されがちであるという。〝フィールド〟理論は、ひとりの人間やふたりの人間関係のみならず、集団のこころの性状にも鋭く目を向けるため、そこには社会論的な視座が備わっている。ステレオタイプ的な日本人論に陥ってはならないが、[14] 場を重視し、場の空気に敏感な日本で臨床をする私たちにあらためて、有益な視点を〝フィールド理論〟は与えてくれるだろう。

いささか断片的に着想や思いつきを並べ立ててしまいました。たしかに、〝フィールド理論〟は最新モデルではありますが、実のところ、私たちが日常の臨床で体感している現象や着眼点を共有しているモデルでもあるのです。

クライエントと、どのような治療構造で会うのか？　私たちはどのような立場の人間として、クライエントと接するのか？　そのクライエントは、どのようなニーズを抱えているのか？……などを考えながら、私たちは臨床を実践しています。その際、自分たちとクライエントだけではなく、私たち**を取り巻く**さまざまな文化・社会・環境・設定・空気――その「間柄 *Aida-gara*」や、その「場合 *Ba-ai*」――を意識してみると、臨床感性や介入や見立てが深まるかもしれません。その一助となるのが、ここにお届けする精神分析的〝フィールド理論〟なのです。

文献

1　土居健郎（1971）『「甘え」の構造』弘文堂

2　岩崎徹也ほか編（1990）『治療構造論』岩崎学術出版社

3　Langs, R. (1977), *The Bipersonal Field: Classical Psychoanalysis and Its Applications*, Jason Aronson.

4　Fiorini, L.G. (Ed.) (2009), *The Work of Confluence*, Karnac.

5　鑪幹八郎（2003）『心理臨床と精神分析』ナカニシヤ出版

6　一丸藤太郎（2020）『対人関係精神分析を学ぶ——関わるところに生まれるこころ』創元社

7　Ferro, A. (2000), *Teoria e tecnica nella supervisione psicoanalitica: Seminari clinici di San Paolo*, Raffaello Cortina.

8　前田重治（1999）『芸に学ぶ心理面接法——初心者のための心覚え』誠信書房

9　北山修（2007）『劇的な精神分析入門』みすず書房

10　河合隼雄（2002）『昔話と日本人の心』岩波書店

11　Vermote, R. (2019), *Reading Bion*, Routledge.　松木邦裕監訳（2023）『リーディング・ビオン』金剛出版、松木邦裕（2021）『体系講義 対象関係論 下：現代クライン派・独立学派とビオンの飛翔』岩崎学術出版社

12　木村敏（1972）『人と人との間——精神病理学的日本論』弘文堂

13　中根千枝（1967）『タテ社会の人間関係——単一社会の理論』講談社

14　高野陽太郎（2008）『「集団主義」という錯覚——日本人論の思い違いとその由来』新曜社

もうひとつの精神分析入門

目次

日本語版まえがき――こころの臨床を営む私たち　i
イントロダクション　3
第1章　精神分析とは何か？　7
古い言語と新しい言語　9
精神分析は癒すのか？　15
誰のための分析なのか？　15
分析家が耳を傾けることと、
友人や家族が話を聞くことに違いはあるのか？　20
信頼性　21
セッション頻度の問題　23
患者の訪れ　25
夢はいつも中心にあるのか？　29
第2章　無意識の発明　33
ジークムント・フロイト　36

メラニー・クライン 50
ドナルド・ウィニコット 60
ジャック・ラカン 73
ウィルフレッド・R・ビオン 79

第3章 夢と情動フィールド 89

夢と夢世界 94
フィールドの進展 98
臨床作業における夢 103

第4章 治療のさまざまな道具 127

催眠術からカウチへ 128
何度も思い出すこと 132
真実にむけた欲動 137
情動的共奏 145
転移性恋愛と依存 150

分析フィールドのモデル　153
原初的な心的状態と、到達不能な無意識　163

第5章　児童・青年の分析　171

第6章　精神分析はひとつなのか、それともたくさんあるのか？　179

無意識というバベル　181
新しいコモン・グラウンドに向けて？　184
イタリアにおける精神分析　185

用語解説　193
推薦図書　202
文献　205

言語に耳を傾けること——日本の読者に向けた解題　213

監訳者あとがき　223

もうひとつの精神分析

イントロダクション

本書は、さながら連弾のようにして書き上げられました。この共著本は精神分析の入門書を意図して書かれました。ジークムント・フロイトが作り上げたこの精神分析という科学は、無意識の心的過程の理論であると同時に、その過程の研究方法であり、種々の心の苦しみの治療法でもありました。この科学はここ最近になってやっと一世紀を迎えました。それでも精神分析は今世紀に大きな成果を残し、人間の心をもっとも深く知るための道具を提供してくれる手段として、その立場を確立しています。これ自体は、疑いようがありません。

精神分析が有する科学的・哲学的・文化的な影響力は、強調が不要なほどに明白であり、余すことなく説明しようとすれば、まちがいなく大仕事となるでしょう。よって、どの論点を選択するのかについては、どうしても私たちの主観と嗜好に委ねられることになります。例を挙げれば、臨床面ばかりを強調しすぎると、興味が尽きないものの抽象的にすぎる別の側面が犠牲になってしまいます。物足りない点や、繰り返しの部分が出てきてしまう点は、お許しください。前者は明らかに紙幅の都合によるもので、後者は、一部の章で軽く触れただけのテーマを異なる角度から膨らましたり、再度とりあげたりすることで生じてしまいました。

本書において、精神分析とは何か、何を成してきたのか、そしてその行先はどこにあるのかを概説する予定です。私たちの主眼は、この格別に魅力的な学問領域がもつ過去から現在に至るまでの歴史に、読者の好奇心を刺激することです。特にその対象としている人たちには、高校生くらいの若い読者や、大学講義では疑問の答えを得られなかった多くの心理学部や医学部の学生たちが含まれています。そのため、とりあげたトピックを学び深めたい人向けに、もっとも簡単に入手できる文献に絞って、巻末に推薦図書を提示しておきました。詳細情報や研究・調査のための道具を見つけることが可能なウェブサイトのアドレスも掲載しています。

精神分析の歴史と現在における多くの重要概念と重要人物の両方を同時に解説するのは至難の業です。そのため、私たちは歴史的な切り口ではなく、理解に必要な最小限のものだけ示す水平的な切り口をとることにしました。

⚜

◆**第1章**では、実践面も含めた精神分析に関する最初のオリエンテーションとして、ある程度の概要を提供します。

◆**第2章**は、無意識の概念を中心にして構成されています。無意識とは、いわば精神分析の標語、すなわち、もっとも独特ないし特徴的な要素を表すものといえるでしょう。無意識の心的過程は、それ以外のやり方では理解も治療も成功しえなかった問題の謎に立ち向かうための確かな出発点なのです。

もっとも独創的なやり方で無意識の概念を描き出して発展させた貢献者として、私たちは五名の著者に絞りました。これは、的確ではあるけれども苦い決断でもありました（フロイトの運動から離反して別の学派を打ち立てた、という経緯を根拠としてユングを除外しました）。その五名とは、フロイト、クライン、ウィニコット、ラカン、そしてビオンです。

◆**第3章**は夢に焦点を当てています。夢は、心の無意識の機能に接近する手段であり、臨床作業のパラダイムでもあります。そのうえで、日常臨床において〝夢との作業方法〟が変化してきた様子を、さまざまな臨床素描で提示していきます。

◆**第4章**ではついに、主要な治療の道具、いわば分析家の道具箱の中身を検討していきます。

◆子どもと青年の分析に関わる**第5章**は、いくつかの理由から重要なものとなっています。

その理由とは、第一に、本章の主題は心の苦しみの〝治療〟や主要な精神疾患の〝予防〟にとって基礎となる分野であるためです。たとえば、ここ数年、母親と新生児のカップルの治療に精神分析を利用することが先駆的な介入領域になっています。

第二に、子どもを対象として分析範囲を拡大したことで、精神分析に大きな理論的刷新がもたらされ、その刷新が今度は成人の治療のモデルとなっているためです。

たとえば、情動的に理解することを中心とする治療にはそこまで特殊ではない特徴が備わっていますが、そうした非特異的な要素が前景化してゆく一方で、精神（サイケ）の無意識的機能を明るみに出すという解釈のより特異な要素が背景に退いています。患者の症状の意味や、無意識が症状を生み出している様子を明らかにしようとして解釈しても、患者が解放されることにはつながらず、一方では分析家のナルシシズムを、他方では患者の罪悪感を、微妙に煽ってしまうことにしかならない場合が多いのではないでしょうか。

患者は次のように感じることでしょう。〈私はひどい調子だし、私はひどいことをしている。なんといっても、私は強情で頑固で、理解しようとしていない〉と。それよりも、もっとも重要な事柄は、〝情動の共有〟と〝コンテインメント〟なのです。

◆最後の**第6章**では、精神分析モデルの多元性という、いくぶんまとまりにくい問題に言及し、イタリアの精神分析史を手短にではあるものの、掘り下げています。

⚜

最後になりましたが、本文中では新しく専門用語が出てくるごとに、簡単に定義を記しておきました。しかしながら、読者の利便性を考慮し、本文中で最頻出の精神分析の主要概念についてまとめた用語集を巻末に掲載しています。なお、用語の初出箇所には［*］をつけています。

第1章

精神分析とは何か？

精神分析は、心の苦しみを治療するうえでもっとも有効な手段であり、自由に私たちが利用できる道具です。

当初、精神分析は活躍できる介入分野がかなり限定されており、患者が「分析可能性」の基準を満たしているかどうか、つまりフロイトが言うところの**お話療法**に適しているかどうかを「試す」必要すらありました。

それ以降、精神分析が治せる適応対象は拡大し、もともと除外されていた境界状態・精神病*・心身症などの、相当に深刻な病理さえも含むようになりました。このような事例の場合、その治療には精神薬理治療が伴い、可能であれば分析家以外の人物が処方を行います。精神分析の効能、それはすなわち分析家の心が患者の心と触れ合うことであり、精神分析の主要な道具であると当時に、ここにその限界も宿しています。

精神分析史が始まった当初は、分析家には最大限の中立性、つまり積極的ではあるけれども冷然とした聴き方が、求められていました。ところが次第に、分析家の精神機能や、分析状況で形づくられる患者との関係に備わる価値や重要性が認められるようになってゆきました。

ご存知のとおり、精神分析という発見あるいは発明と言うべきものは、フロイトの天賦の才に負うところが大きいのです。その証拠に、フロイトは今日でもなお有効な精神分析の三本柱

＊欲動　発生した緊張を緩和するために、ある対象を求める心的衝迫。基本として、身体的プロセスであり、そこから心的な興奮が生じ、それを宥める行為につながる。【p.201】

＊精神病　主体が現実との接点を喪失している状態。典型的な場合、幻覚・妄想、すなわち誤認や誤解が一過性ないし慢性のものとして発生することがある。【用語解説：p.196】

を突き止めました。その三本柱とは、無意識という概念、心的発達において性愛性（セクシュアリティ）が果たす役割、そして個人の内的世界に近づく手段としての夢を指します。

もともと無意識は、欲動[*]（マグマのような原情動状態が）意識に届かない、すべてのものが宿る場所として記述されてきました。そののちにフロイトは、精神（サイケ）を説明するために、自我 *Io*・エス *Es*・超自我 *Super-Io* の概念を練り上げました。現代で通用するメタファーを使うならば、テレビシリーズの『ウェイワード・パインズ』[☆01]をイメージしてみてください。主人公たちが住んでいるウェイワード・パインズは、まさに自我を象徴するような街です。ここは、原始的な怪物を寄せ付けないように電気網で守られています。もし原始的怪物に侵入されれば、街は破壊されてしまうでしょう。このような原始的怪物は**エス**とほぼ同義であり、**超自我**は道徳的本能の座であると言えるでしょう。

古い言語と新しい言語

現在、精神分析は、古い言語と新しい言語の中間に位置づけられています。多くの人びとが、たとえば〈自我と**アルファ**機能の違いはどこにあるのか？〉と問いかけて、両者のつながりを摑んで明らかにしようと努力していますが、これは無駄な試みであると思われます。ことによると有害であると言っても過言ではないでしょう。

今日、メタ心理学[*☆02]を語るとすると、フロイトの理論だけに依拠して考えている人はいないで

☆01　日本であれば『進撃の巨人』など。

☆02　意識的に体験される現象を越えて、心がどのように構成されているのかを研究する学問。

しょう。というのも、クライン派やビオンや精神分析**フィールド**理論なども、精神分析に欠かせない要素となっているためです。

精神分析初期の専門用語は、たいそう軍事的な由来をもっていました。「防衛」「抵抗」「欲動」「機制」は、患者が分析家を寄せつけず**自衛**するために用意したものでした。

分析家というのは、中立的な鏡のような存在であり、患者の歴史（とりわけ幼少期）を再構成する考古学者のように考えられていました。たとえば、アルフレッド・ヒッチコックの映画『白い恐怖』では、幼少期のトラウマを発見したおかげで主人公が不安や恐怖から解放される、という展開が描かれています。

その後、分析家と患者の関係や、両者のあいだを無意識に行き交う事象がさらに重視されるようになるにつれ、連結への攻撃、投影同一化*、無意識的空想などの新しい表現が導入されるに至りました。いまや、語られている言葉は、そこまで飽和しておらず☆03、より不明確で、意味合いの幅が広い、これまでとまったく異なるものとなっています。

そこに含まれている言葉は、アルファ機能*（私たちがあまりわかっていないもの、換言すると、原始的な感覚や情動をピクトグラムや精神イメージ*に変形することができる心的機能）、アルファ要素*（ピクトグラムがより進んだ段階）、ベータ要素*（感覚それ自体）、消極的能力*（被害感に圧倒されることなく疑問を抱き、随意記憶よりも不随意記憶を好む能力）、選択された事実*（消極的能力の状態で十分に時間を費やしたうえで、分析で得られた事象に意味づけるべく選択された要素）などです。

☆03　著者らが分析家ビオンの考えに着想を得て考案した視点であり、解釈の意味や筋書きに連想の余白や修正の余地を残しておくこと。

＊メタ心理学　意識的経験を超えたところにあるために観察不能な心的機能を描写する理論。心が「領域・審級・欲動・エネルギーの流れ・防衛機制」などに構造化されているとの仮説が含まれる。【p.199】

これらの新しい定式化によって新しい心の理論が徐々に生み出されてきましたが、そのなかでも、考えるために有益な道具は、過去や幼少期や患者の経歴を歴史的に再構成すること、性愛性（セクシュアリティ）を体系的に探索すること、トラウマを特定すること、などよりも重視されています。

現在、その内容よりも、**考えること**に用いられる種々の装置や道具の機能を大切にする傾向があるのです。それはまるで、キッチンで冷蔵庫や買い物袋の中身だけに関心を寄せていたのが、「すべての調理器具がちゃんと機能するかどうか」を確認するようになったのと同じようなものです。すなわち、鍋やフライパン一式から野菜粉砕器、フードプロセッサー、ガスコンロに至るまで、食材（原情動や原思考）を料理（情動や複雑な精神状態をコンテインして表現することができるような情動や思考）に変形するための必要器具すべてを含むようになりました。

分析の目標はまさに、これらの調理器具と心的「容器（コンテイナー）」、つまりもっとも生々しい情動や感覚に**意味**や**形**をもたせる能力を発展させる点にあります。言い換えると、妄想分裂ポジション* *posizione schizoparanoide* と抑うつポジション* *posizione depressiva* のあいだの揺れ動き（専門的に言うと、PS↔PD）を増幅させる能力、すなわち無秩序な原初の創造性と、統合する能力とのあいだの揺動を増幅させる能力なのです。

このことにより、必然的に、バイパーソナルな *bipersonale*（あるいは、むしろ集団的な）メタ心理学に導かれてゆくことでしょう。実際のところ、分析家はもはや中立的な存在であると自認しておらず、分析関係にすっかり巻き込まれているわけです。分析は、ある種の**共同舞台**になります。この事態は、**エナクトメント**という概念で指し示されています。

現代精神分析では、分析家が自分についてなにかを伝えること（いわゆるセルフ・ディスクロージ

*** 投影同一化**　単純な投影〔p.61〕とは対照的に、主体が他者を内側からコントロールするために、自らを部分的ないし全体的に他者のなかへ押し込む空想が展開するという発想。【p.198】

*** アルファ機能**　ベータ要素をアルファ要素に変形する機能——いったん象徴的に登録された際に、その体験を意味づける能力。【p.193】

ャー *self-disclosure* すなわち自己開示）が受け入れられています。このように、新しい精神分析の考え方によれば、関係そのもの（分析家と患者のあいだの深い情動面で起こっている事象）を直観するために白日夢を使用すること、意味の共同構築、などが重視されています。けれども、その一方で、分析家の睡眠時間の長さや精神機能の質も重要になります。

これらの事柄により、必然的に、分析についての徹底した**間主観的**観点と、この種の精神間的（インターサイキック）機能を説明する「分析フィールド *campo analitico*」という、避けては通れない概念へ逢着します。**フィールド**の視座から眺めると、両者の「関係」は、すべての登場人物、すべての雰囲気、分析室で命を宿すあらゆる影を含むものとして拡張されます。少しずつ、情動フィールドで燃え上がった情動を間接的に物語るうえで最適の**登場人物** *personaggi* が選択（キャスティング *casting*）されてゆきます。これらの登場人物は、人間界や動物界・植物界・鉱物界のものであったり、はたまた抽象概念であったりします。

そのため、分析家にとって、面接中での**夢思考***の能力を養うことがとても大切なのです。断片的な伝記情報、現実の物語、観た映画、体験、幼少期の記憶、出来事など、これらはすべて、現実の地位を失って、間主観的な**夢フィールド** *campo onirico* と重なる仮想現実に現れる「登場人物」となります。

過去に比べると、このフィールドは、解明や解読をするためのものではありません。ここは厖大な語りと**変形**が生じうる場所であり、それによりフィールドそのものが絶えず**拡張**されて

＊**ベータ要素**　イメージに変形されていない原感覚や原情動――これが蓄積すると、さまざまな症状や病理が引き起こされる。【p.199】

＊**アルファ要素**　アルファ機能によってベータ要素が変形された産物――記憶に蓄積され、相互に結びつき、夢思考がもたらされる。【p.193】

ゆきます。この場合の「フィールド」とは、体験に帰することができる個人的な意味の幅と深さを表しているところです。

パーソナリティの分割された部分、すなわち、まだ考えることができない、あるいは潜在しているだけの同一性が、分析室で命を吹き込まれて「物語性」を帯びるのです。

重要なのは、それをコンテインしたり、考えたり、感じたりする「道具」を発達させることです。それと同じくらい重要なのが、語りえぬものから描写しうるものへと変形し、そして言葉で表現できるものへと変形することです。言い換えるなら、脱水・圧縮された**情動**という「石」が、夢の砕石機（結石を砕く機器）によって粉砕され、新たに見出された情動の構成要素によって語りうるものになるのです。

性的な話題でさえも、心と心の関係、あるいは心と情動の関係についての無意識的で寓意的な話しぶりとして耳を傾けられます。原則として、その全体的な価値から――意識的でフィールドに属するもの、換言すると間主観的なものとして――捉えると、聴くことのできないコミュニケーションなど存在しません。

現代精神分析の考え方でもっとも大切にされているのは、**患者の権利**です。つまり、奇怪に聞こえる解釈や押しつけがましいような解釈を突きつけられるのではなく、自分の物語が受け入れられて共有されるという権利です。分析家側が自覚しておくとよいのは、邪魔がなければないほどにフィールド（繰り返しになりますが、同時に作用している情動力のダイナミックな**磁気共鳴**と**意味生成**の構造を指します）が「進展する evolve」という事実です。

＊**選択された事実**　注意を喚起したり、患者と分析家との関係で起こっている事象を無意識の情動レベルで意味づけるようなことを、可能にする要素。【p.196】

＊**消極的能力**　分析家が予見された意味を性急に求めず、患者の話に耳を傾ける能力。記憶すること・欲望すること・理解することを放棄する方向。【p.195】

したがって、古典的な精神分析モデルによるエディプス、原光景、一次的破壊性、リビドー、去勢不安などの「世界旅行」から、分析フィールドに代表される新しい「空き地」や「保育所」にまで、私たちの関心は移っています。その場所では、精神病や境界例・性格障害・心身症などの、もっとも原初的な心の核だけでなく、ほとんど変化に耐えられないという事実で知られる自閉症やアスペルガーなどの、あまり治療を受けることがない特性についても語られています。

このようにジグザグに時間が流れるなか、この時点で私たちは無意識と再会します。いまや無意識は、事実や現実が代謝された姿となっています。すなわち、夢見られた現実は無意識化され、きわめて生命力強く変形したものと思しき無意識が生み出されているのです。昨今の考え方では、無意識は、**アルファ要素**（ピクトグラム）に変形されたあとの**ベータ要素**（感覚性）から絶えず形づくられています。

分析の方向性は、もはや無意識の意識化ではありません。意識の無意識化なのです。言い換えれば、大事なのは、患者の無意識の力動を翻訳したり解明したりすることではなく、むしろ、**体験に最大限の意味を与える**能力が直接的かつ自動的に身につくようにすることなのです。これは自転車の乗り方や楽器の演奏、タイピングを覚えるときと同じことです。しばらくすると、特に意識せずとも、目を閉じていても自動的にできるようになっています。

精神分析に存在している二つの言語（古典的な言語と、現代的な言語――少なくとも私たちがさらに生きようとしていて効果的であると考えている現代的な言語）のあいだには、別の違いもあります。前者は、

＊**妄想分裂ポジション**　①迫害感や無秩序な感覚が、現在の経験を理解する可能性を圧倒している心的構造の状態。②乳児が対象を良い対象と悪い対象に分割して認識する心的発達のある段階。【p.200】

既知のものを賞賛し、広く組織化された知識を示唆する傾向にあります。後者は、暫定的で、断片的で、（穏やかに）疑問を提起するものとして示されます。そして私たちが知らないものについての指標を絶えず示し、未知なるものを探索してゆく方向を指し示してくれます。

精神分析は癒すのか？

精神分析の唯一にして究極的な目的は、癒すことです。精神分析のことを神秘主義や秘儀、はたまた悟りに至る解脱道のように考えても、意味はありません。基本的に、精神分析がもたらす「奇跡」は、心の苦しみを和らげることです。患者と分析家が「再び夢見る」ことで、すなわち、なんらかの形で**意味を宿す**ことで、症状はイメージに、語り方に、夢に、変形され、もっと穏やかでさらに調和のとれた精神生活が可能となります。

誰のための分析なのか？

分析を求める人すべてに共通しているのは、**ある程度の心の苦しみ**を抱えているということです。

特定の状況のなかで、このことは明らかとなります。ある人は、明らかな抑うつ状態にある

＊**リビドー**　有機体を目標に向かわせる衝迫、すなわち、「身体的興奮に由来する緊張を解放させることが可能な対象を求める衝迫」としての、性欲動の強度を示す指標。【p.202】

＊**抑うつポジション**　①心的統合の過程で、原始的な万能感が薄れて抑うつ感情が蔓延する心的構造体。②良い対象と悪い対象が同一対象であると悟り、悪い対象への攻撃に自責の念を抱く心的発達段階。【p.200】

ことを、あるいは家庭で居心地の悪さを感じていることを、またある人は、パニック発作、恐怖症、強迫儀式、強烈な不安などの明白な症状に駆られていることを自覚して分析を求めてきます。

また、変化して時には覆い隠される自身の苦しみの表出に直接触れることができず、策を講じる人もいます。たとえば、分析家が耳にするものとして、「自分が心理学者・精神科医などなので、分析を受けたいのです」という申し出があります。その人たちも苦しみの担い手なのですが、それを文化的・専門的な背景で正当化される治療要求の背後に隠してしまうのです。

分析希望者が直面する問題の多くは、治療費です。というのも、現在、そして当面のあいだ、イタリアでは精神分析療法がほとんど私的制度で実施されており、その費用は個人負担と考えられているためです。多くの分析家が分析を（数年前とは比較にならないほど）手頃な低価格で提供しているのが現状です。しかし、それでも費用が高いことに変わりありません。これは地理的な問題でもあります。北欧諸国やドイツ、スイスでは事情が違っており、精神分析の費用は一定の年数、少なくとも一部は公共サービスによって賄われています。精神分析がある特定の障害の治療法として処方された場合には、国が全額を負担することもあります。

とはいえ、深刻な心の苦しみに直面したとき、どのような選択肢があるのでしょうか？　たとえば、トラウマを受けるような出来事を体験したあとの抑うつ状態や、自身の存在に関わる出来事と結びつくパニック状態であれば、向精神薬を服用することができます。分析と並行しながら向精神薬が処方されるのは、珍しくないことです。

かつてこの問題は、分析可能性の基準をめぐる問いのもと、「分析によって特定の病理を抱える患者を治療できるのか、どうか」を確かめるという形で議論されてきました。それは神経症*が治療対象として選択され、「患者が一定の教養と知的水準にあることが必要不可欠だ」という考えでした。今日では、心身症はもちろんのこと、幻覚・妄想のような陽性症状を伴う境界例や精神病の病理も「分析可能な病理」に含めることがあります。

要するに、疾病分類的診断の問題を示すのではなく、できるだけ単純化して問題の〝タイプ〟を見るようになったということです。

多少区別できて、次のようになるくらいでしょうか。

◇正常に発達した精神機能で代謝できる範囲を超えて、過剰となった感覚を伴う苦しみ。

◇心のコンテイニング機能が不足していることによる苦しみ。

◇過剰となった感覚が、コンテインも変形もされず、そのために身体（心身症）や知性（学習障害）というかたちで排出（幻覚や妄想）される苦しみ。

◇感覚が過剰になり、それが収容や変換もされずに、身体（心身症）や知性（学習障害）に排出される苦しみ。

◇心を紡いだり代謝したりする機能に重度ないし最重度の欠損がある者（自閉症スペクトラム）。

留意する必要がありますが、この勾配は、分析技法のはっきりとした違いも意味しています。

*神経症　精神病のような重篤な症状を呈さず、現実との接点を失っていない種別の心的障害。それは欲望と防衛の心的葛藤から発生する。症状は、この葛藤を象徴的な形で表現したもの。【p.195】

多くの場合、心の苦しみは、主体*が無意識のうちに頼る複数の病理的な「防衛機制」を通じて現れます。そのような機制はほとんど無限に存在しますが、例を挙げると、次のような状況に直面することがあるでしょう。

自分が困窮している側面を（手助けしてくれる）「他者」に投影し、この「他者」を無理やり世話する、ということがあります。ここでの「他者」は、自分の一部として認識されてはいません。

例えば、Hさんは、そこまで共通点も多くないFさんのことを「ひとりでは生きていけない」と考えているため、別れられずにいます。もしFさんから『別れたら遠いところで仕事を見つけるかな』と言われたら、とても驚くことでしょう。

あるいは、若い恋人が与えてくれるだろうエロティックな興奮で自身の困窮している側面を否定することもあるでしょう。そうすることで、人生ゲームさながらに何マスか戻ることができるため、抑うつ状況で駆使される手札となります。不愉快な現実を一身に背負うことの多い人生の伴侶に比べると、若い恋人は、麻薬として、興奮剤として、鎮痛剤として作用し、多くの場合、同じく苦しんでいる人物であり、その世話を焼くことが多くの目的を同時に果たすことになります。

マーガレット・マッツァンティーニの小説『動かないで』を原作とした映画☆04で、ペネロペ・クルスが好演したイタリアという登場人物を思い浮かべてみてください。

患者のステファノは、六十歳を過ぎた頃の職場の縮小化に伴って、それまで関心の対象であった四

＊主体　一般には、自意識を有した存在としての個人の本質。フロイトは、古典的な（デカルト的な）主体の概念に対して、その限界を強調する形で痛烈な批判を仕掛けた。【p.194】

☆04　マッツァンティーニの夫セルジオ・カステリットによる映画化。邦題『赤いアモーレ』で2005年に公開された。

人の子どもを抱える妻帯者であったのに、若い女性と恋に落ちました。そのために狂気じみた嫉妬の感情が掻き立てられ、精神空間はすべて占められてしまい、その結果、抑うつ的な苦痛を遠ざけるようになりました。それはまるで、もはや自分を認識できないどこか別のところに存在する銀河系へバカンスに行くようなものですが、そうすることで時間と苦痛から逃れることができたのです。

しかし、時々〈自分はどこにいて、何をしているのだろうか?〉という突然で残酷なまでの目覚めが訪れ、まったくの疎外感の体験を伴って、どんなに辛くとも自身の現実に戻らなければならないという切迫した状況に陥ることがあります。あるときには、さながら『トゥルーマン・ショー』[☆05]のように、壁が映画イメージで埋め尽くされた水疱状ドームのなかに捕らえられているかのように感じ、幻覚めいたドームと現実のあいだを絶えず行き来しながら、長く、ゆっくりと、段階的に目覚めていく過程なのです。さらに別の場合、この現実めいたもののなかで、どこか不調和なものを見たり感じたりすることで、自分が「どこに」行き着いたのか、その理由について疑問を抱くことにもなります。

たとえば、ステファノにとっては、周囲の友人たちが、自身にとってのアイドル的存在であるリタ・ヘイワース[☆06]のようになっている様を見て、次第に目覚めてゆくこととなりました。友人や恋人らによる根城をきっかけとして、ステファノは自身の夢と現実がどれほど違っているのかを観察する立場に立ちました。実際、正確に述べると、映画内でのリタ・ヘイワースとの最初の亀裂は、たいへん理想化された状況に断絶をもたらすような嘘によるものでした。ステファノは、失望、嫉妬、当惑、実存的な座標軸の喪失という形で非常に高い代償を払いながらも、次第になんとか夢から覚めることができました。生々しい情動、あらん限りの演出、繰り返される嘘によって「情緒の売春宿」(現代版ウンラート教授のように)を認識しました。

☆05 1998年公開のアメリカ映画。本邦でも「トゥルーマン・ショー」のタイトルで同年公開された。主人公トゥルーマンの人生は生来世界中のテレビ中継で放送されており、彼の生活空間はすべてドーム型の撮影セットでできていた。人生の出来事はすべて仕組まれたものであり、出会う他者もみな俳優なのだった。次第にトゥルーマンは自らの置かれた状況の真実に気づいていく。

☆06 Rita Hayworth; 1918-1987、セックスシンボル的女性としてしばしば取り上げられるアメリカの女優。

先のウンラート教授（これに関してはFerro 2014参照）**は、このように機能する様式を示す模範です。そのため、彼とローザ・フレーリッヒは、ハインリッヒ・マンの傑作『ウンラート教授』[☆07]最後のページで描き出されているような悲劇的運命に見舞われることになります。**

「心の痛みを感じないようにすることで、かえって不都合が生じる」という理解は、精神分析にとって、もっとも明白で広く共有されている知見のひとつです。無限に広がる演出の幅には驚かされます。

かなり多くの場合、心の苦しみの根源である〝悲痛〟は、「一群の情感」（見捨てられ感や、孤独感や、迫害感といった原情動）を整理し、代謝し、コンテインする方法が不十分」という事態に起因しています。こうした一群の情緒は、私たちのうちに遍在しており、童話のなかにもよく顔を出しています。

分析家が耳を傾けることと、友人や家族が話を聞くことに違いはあるのか？

分析家は、友人や家族よりも多くの〝道具〟を持っています。それによって、当人に苦しみをもたらし、その人の機能様式に特有のものとなっている「構造化された深層」の理由をさらに理解することができるのです。

しかも分析家は、診断のための「レンズ」と、分析室で明らかになった苦しみの要素をより

☆07　1905年に著された長編小説。主人公ラートは、ゴミを意味する「ウンラート」と渾名されている。Rosa Fröhlichは本作の登場人物のひとり。

深く手術するための「メス」も持っているのです。

信頼性

分析家は、臨床心理学や精神医学を専門とする心理学者または医師であり、個人分析、何年にもわたる理論講義、臨床セミナー、進捗具合を適宜確認されること、数年におよぶ個人ケースのスーパーヴィジョンなど、長期にわたる訓練課程（ある種の「追加大学院」のようなもの）を受けています。

分析家という職業に就くのは、比較的人生の後半であり、ほとんどの場合メンタルヘルスの多種多様な分野で豊富な臨床経験を積んだあとになります。しかもこの訓練は、実際には**永続的**なものです。分析家が、自身の所属するインスティテュートの学術活動へ積極的に参加しないというのは、まずありえません。

そのため、精神分析のような心の治療に乗り出す前に知っておくべき情報があります。すでに適切な訓練を終えた人に連絡することをお勧めします。その人物が本当に医師であるかどうかを医師登録簿で確認するのと同じように、自身が選んだ専門家の受けた訓練やその理論上のオリエンテーションを確認すべきでしょう。すなわち、その人が認定を受けた専門家であることを確かめるべきです。米国では一般的に、精神分析家は自己紹介の一環として、インターネット上に自身のウェブサイトを開設したり、オフィスで患者がその人の「履歴書」を閲覧できるようにしたりしています。

イタリアでは、心理療法に対して不信感が抱かれることが多いのですが、ある意味で、それはもっともなことだと思います。心臓外科医のあいだでは、誰が優秀で誰がそうでないかを知ることはそこまで難しくはありません。しかし残念ながら心理療法の分野では、もっぱらこれまでの歴史的な経緯（さらに、容易には標準化することができないという問題の複雑さ）を理由として、ピンからキリまであるのです。つまり、有能な執刀医もいれば無能な執刀医もいますし、熟練の執刀医もいればまったく未熟な執刀医もいるのです。

客観的に見て、私たちの領域では、すぐに正しい道を見つけること（専門的な資格を備え、誠実で、人間的で、経験豊富で、うまく相性の合う人を見つけること）が非常に難しいと思います。

私たちとしては、とてもシンプルな評価基準を使うようお勧めしたいと思います。それは、初回のセッションで理解されたと感じたり、ホッとしたりできるかどうか、つまり「セッションを終えた折に、始まったときよりも気持が軽くなったかどうか」という基準です。

「気持が軽くなった」というのは、すでになにか良いことが起こっている証左なのです。まったく口を開かなかったり、感情的に超然としていて質問に答えなかったりする、ハリウッド映画にでも出てくるような分析家は、現実よりも精神分析ジョークのなかに属するべき存在でしょう。

長期的にはもちろんのこと、短期的にも、自分が受けている治療が目的にかなっていること

（当初は恐ろしかったり動揺を覚えるものであったりしても、新しく筋書きが見えてきて、最終的には気分が良くなること）を実感できるはずです。

分析室の外に「コインランドリー」と書かれた看板がある、と考えてみましょう。つまり、汚れた服を持ち込んで、洗濯機に入れて、きれいな服を持ち帰るのです。たまに汚れが残ることもあるでしょうが、全体的にいえば、その洗濯に満足することでしょう。

セッション頻度の問題

現代の目まぐるしい生活や、平均的な収入水準を考えると、週に三、四回のセッションを依頼するのはそう簡単なことではなく、いまの時代にはそぐわないでしょう。「完全な意味での分析」が一部の限られた人たちの嗜好品のようになっているのはまちがいありません。

しかしながら、場合によっては「精神分析的な」治療、つまり週に一、二回のセッション頻度で、より手頃な治療を依頼することも可能だと思います。また、低額料金を提示してくれる分析家を見つければ、もっと集中したリズムで作業を進めることもできるでしょう。

精神分析の典型的な道具を用いれば、少ないセッション数でも優れた効果が得られるという精神分析的な介入が、ますます増えてきています。この場合、設定に関するパラメーター[☆08]は一部放棄されますが、中心となるパラメーターは保持されます。それは、精神分析だけがもたらすことのできるような種別の〝聴き方〟を指します。患者の苦しみがそれほど深刻でない限り、

☆08　精神分析家クルト・アイスラーが提起した実践上のアイデア。分析治療を続行するために、基本となる治療設定を柔軟に変更する事柄。

そんなに大差はないでしょう。

とはいっても、分析家にとって理想的なのは、週に複数回のセッションで作業することです。そうすれば、**パーソナリティの全般的な再構築**に介入しやすくなります。

これは、ラジエーターが水漏れしている場合に、配管工を呼ぶようなものです。もちろん『家じゅうの配管系をすべて改修しましょう。そうすれば、今後二十年ほどは安泰だと保証します』と言えればよいのですが、これは必ずしも実現可能なことではないですし、賢明なわけでもありません。多くの場合、ラジエーターだけを修理すれば十分で、半年から二年後に、水漏れしている給湯器を修理するといった具合に、ちょっとした作業を繰り返すことでしょう。


私たちの文化では、身体の苦しみはちゃんと認められています。ところが、心の苦しみとなると、自分も経験のある場合を除けば、『そうだけど、必要なのは意志だよ。やる気次第なんだよ』と簡単に言われてしまいます。

誰かがパニック発作に苦しむようになった場合、『何を恐れているんでしょうか？』と真剣に尋ねたりはしません。そうはせず、矮小化します。また、重度の心気症を前にすれば、当たり障りなく『でも、どうってことないよ』と伝え、重度の恐怖症と出くわすと『でも、克服しようよ』と伝えるでしょう。

実際には、心の苦しみは、他の苦しみと同じ程度の痛みを伴っています。これは（手遅れになることも多いのですが）日常生活を送れなくなるほどになってはじめて姿を示します。

患者の訪れ

新患が助けを求めたとき、分析家は「その人がどんなことを言おうとも、最大限に耳を傾ける」という姿勢で出迎えなければなりません。一般に分析家は、患者をオフィスに案内し、席に座るように促し、なにか声をかけるなどして、その気持を落ち着かせようとします。たとえば『どうでしょう?』と言ってみたり、あるいは、なにも尋ねることなく、表情や物音とかで、その人が訪ねてきた理由を話してもらったりするでしょう。

たとえば、「自分は人生を中途半端にしか送っていない感じがして、何をしているのかよくわかっていないままに、毎日があっという間に過ぎてしまっている」というような人に出会うことがあります。優れた精神分析家であれば、最初にすべきことは、もちろん耳を傾けることです。それから、患者に起こっている事柄を(場合によっては、患者の経験に馴染むように喩えることで)明確にしようと努めることでしょう。

この〝メタファー〟による経験と患者の体験が重なれば、さながら携帯電話の画面に映るものを大画面スクリーンで見るように、おそらくは新たに思いがけない角度から理解したり、鮮明な焦点で理解したりすることができるでしょう。

物事にもっと光を当てるために、私たちは、次のように患者に尋ねてみてもよいでしょう。

『みんなは海に潜ったり、泳いだり、はしゃいだり、水を掛け合ったり、喧嘩したり、抱き合ったりしているのに、自分は実際に海へ入らずに浜辺に残って、したとしてもせいぜい足を浸すくらい……だとしたら、どう感じるのでしょうか?』と。

あるいは、乗馬に喩えて、『隣ではトロットしていたり、あまつさえギャロップしたりする人もいるのに、自分は馬勒をきっちりつけた馬に乗り、ほとんど歩いているだけ……だとすれば、どのように思いますか?』と尋ねることもできます。これらのメタファーによって患者の体験がうまく描き出されているのかどうかは、常に〝モニター〟する必要があります。私たちは、患者に触れられなければ、私たちは「目標」のほうを調整しなければなりません。私たちは、患者が自身の言動にうまく調和するようなメタファーを見つける必要があるのです。

このような患者の体験、つまり「本当の意味で生きることができない」という体験は、ゲームに参加していない人、あるいは自身の人生のプレイヤーというよりも観客であることに準えることができるでしょう。なるほど、サッカーの試合の場合、プレーするほうが楽しめるとしても、観戦するほうが「守られている」という感覚をもたらすこともあるでしょう。プレーすると蹴りをくらうこともありますし、もしも以前の試合で蹴られたことがあるとすれば、内心で「しばらくは試合を眺めてからピッチに戻ろう」と思うことがあっても、もっともなことです。

別の例を見てみましょう。

十三歳の少女をレイプしたかどで罪に問われて、私たちのところに訪れた十五歳の少年のストーリーについて想像してみましょう。

その少年は、少女にキスをして、いい雰囲気になっていると感じた様子を話していますが、実際のところ、はっきりとした記憶があるわけではありません。すなわち、きちんと同意を得たという記憶はあるにもかかわらず、少女に乱暴をはたらいたとのことです。翌朝目覚めると、彼は逮捕されました。その出来事は彼にとってトラウマとなり、そのことを悪夢というかたちで引き続いて見るようになりました。

この例では、さまざまな精神分析的な耳の傾け方の働きが示されます。より古典的なアプローチをとる分析家であれば、この状況を、あらゆる結末を導くトラウマ事象、つまり青年期に関係する出来事と考えるでしょう。

一方、〝分析フィールド〟モデルの場合、治療者は異なるアプローチをとります。つまり、この少年が持ち込んだテーマ、「自分でも意識せずにやってしまったことの不安」に対して寄り添うことになるでしょう（彼は青信号だと思って直進したけれども、その信号が実は黄色だったのに見間違えてしまったのです）。その不安は、「信号をどう読み解けばよいのかわからない」というものだったのです（『いいよ』と言われたから性交したのだけれど、後から『ダメと言っていたのに、ちゃんとわかってくれなかった』と非難されるようなものです）。信号が青ではなく赤だったのだとしたら、車の運転をまちがえていたということになります。

基調をなすのは、絶えず患者とストーリーを共有し、患者の発言について話すことです。患者が持ちかけてくるチェスを、クイーンやキングやルークだけでなく、ほかの駒も駆使して試合に臨まなければいけません。というのも、患者は、規範以外の駒も持ち込んでくるかもしれないからです。私たちは、**患者自身の言葉を用いて、**なによりも少しずつ膨らませるようにしないといけません。

患者の言葉に親しむようになるために、セッション中に「レヴィ=ストロースのような著名な人類学者が、ストロース=カーン[☆09]を弟に迎える」というストーリーを想像することもできるでしょう。それは品行方正な人物のストーリーかもしれません。けれど、「自分の預かり知らぬところで、自分が知らない親戚[☆10]（みずからの内なる暴力的部分や、欺いて侵入する部分）に取り憑かれ、結局、最初にレイプされるのは自分自身だった」という内容なのです。自分でもまったく知らない〈**アルター・エゴ** *alter ego*〉に虐待され、自分自身が被害者になっていることに気づくのです。

分析は日々異なるものなので、毎日違うイメージを使うことができます。最初の出会いのなかで私たちは、凍結されている極度に暴力的な情動と関わりをもつようです。あるいは、冬眠によって抑制されているクマのような情動を扱っているのかもしれません。ただし、周知のように時折、このクマが目を覚ますと、地域全体が困ってしまいます。

このような場合の問題は、クマを殺す手段ではなく、クマを調教する手段です。ダンスを強要されているように滑稽に見せず、街にパニックを起こさせない程度に調教することなのです。要するに、常に所在がはっきりとしており、管理可能なほどにきちんと飼い慣らされたクマでなければなりません。

そして、そのクマの来歴、その出自、これほどまでに成長した理由、どんな扱いを受けてこ

☆09　アメリカのホテルでウェイトレスをレイプしたかどで罪に問われたフランスの政治家。

☆10　ハイド氏やハイド夫人のような。

☆11　orsoは「クマ」のほかに「無愛想な人」「粗暴な人」を意味する。

こまでのクマが生み出されてきたのかを見ていきます。分析室には十五歳の「よい子」がいるのですが、クマ[☆11]もいるので、それを相手にしなければなりません。

もし、そのクマが怖いのであれば、空きがないことを伝えて、上手なクマ調教師の同僚のところへ送らなければなりません。しかしこの治療者はクマを恐れないので、分析を引き受けたのでした。

夢はいつも中心にあるのか?

精神分析における夢の捉え方は激変しました。

かつては、夢を解釈するためには「患者の連想」が必要であり、**患者なりの読み**という鍵が必要だ、と考えられていました。その後、「読み解く鍵となるのは、前後の語らいで**患者が提示したもの**、そして**分析家の心に浮かんだ**解釈だ」と考えられるようになりました。

現在のところ、これらすべてはリセットされ、多くの人が、夢は**濃密な詩的交流**であり、あまり〈解釈〉する必要がなく、詩と同じように直観的に捉えればよいと考えていますす（ちょうど、空中ブランコ乗りが宙に飛び出した際に、〔相手の手を〕**キャッチするかしないか**、そのどちらかであるようなものです）。

付言したいのですが、夢の解釈は魔術的な操作ではありません。思いついたらなんでも患者に提供するようなものではないのです。直観を導く種々の要因（分析家の経験と才能だけが提供できうる自発性など）以外に、さらに重要なのは、解釈として提供されたものに対して患者が意識的に（なによりも無意識的に）与える妥当性です。

夢の解釈は、ときには希釈して、ときには濃縮したかたちで提供されなければなりません。そのうえ、いつもビュッフェ形式で提供されなければならず、けして無理強いして食べさせるように押し付けてはいけません。誰もが「必要だ」と思うものを手に取れるようなかたちで、提供すべきでしょう。これが夢の〈妥当化〉プロセスで基本となるパラメーターです。

また、同じ夢であっても、日時や文脈が違えば意味も異なることでしょう。たとえば、患者の候補となる人物が訪ねて来て『実生活とはかけ離れた不安を抱えて、とても心配していることがある』と言ったとします。たとえば『息子の受験時に一睡もできない』とか、『娘が男の子と付き合っていて相手がどんな子なのか、信頼できるのか危険なのかわからないので、とても不安になる』とか、そう言われた場合、私たちが常に区別しておかねばならないものがあります。

それはすなわち、患者と共有しているものと、なんらかのかたちで分析家自身の心に抱えているものが分析作業に及ぼす一時的な形跡（翌日にはガラリと変わるかもしれない）との区別です。いつでも**ゼロからのスタート**であり、その都度まったく違う物語が展開されることになります。

私たちが試みるなかには、別のステップもあります。

それは、患者のコミュニケーションが「夢の外でどのように理解できるか、その意味は何か」を確認することです。

たとえば、ある患者がある時点で、『強制収容所（精神障害や苦しみやハンディキャップを抱えた人たちが詰め込まれた場所）の外では、そんなこととは無縁の生活が普通に営まれていた、という内容のヒッチコックのドキュメンタリーを見た』と語ったとします。すると、分析のなかでのこの種のコミュニケーションに「寓話的な意味」があると把握することは、容易いでしょう（「分析室外で分析の道具を使うことは常に虐待である」ということは、念頭に置くべきでしょう）。

このようなコミュニケーションから明らかとなるのは、たとえ受容される状況だとしても、分析を経験している患者が、別の見方をすれば、無自覚に分析を悪夢や監獄として表現しはじめたことかもしれません。あるいは、すべての苦しみや病気や無能、あるいは「ハンディキャップ」の側面が、赤十字や連合軍（世話をする機能を果たすために介入するべき）が存在することなく、分離され苦しめられている場所として、分析を表出しはじめたのかもしれません（実際のところ、「赤十字や連合軍の機能が排除されてしまうと、ドイツ連邦がより強く機能するようになるのだ」という警告なのかもしれません）。

これは、分析室のなかには多くの真実が共存しうること（見方はひとつではなく、複数存在していること）を示しています。Aの見方はBの見方を補い、Cの見方はDの見方を補うというように、視点は「ひとつ」ではなく「複数」存在するのです。

そして、このような複数の視点から生み出されるすべての視点は、少しずつ把握されるようになり、可能な限り統合され、それぞれの視点に備わる恐ろしさも含み込みながら循環してゆきます。

こうして、〃分析室のなかでなされる「外部の具象的な生活」に関するコミュニケーションは、セッションという現実のなかで「深い情動レベルで起こっている事柄」に関する無意識のコミュニケーションという意味合いをもっている〃ということが、重要な仮定となりました。

第2章

無意識の発明

精神分析は無意識の心理過程に関する科学的理論です。本章のタイトルは、エレンベルガーの名著『無意識の発見』〔Ellenberger 1970〕と〝対話〟するためにつけたものです。

さて、無意識とは「何ではない」のか、ということに関して私たちの意見を述べるところから始めましょう。

動物的な無意識でもなければ、神経的な無意識でもありません。無意識は発見されるのと同じくらい発明されるものです。無意識はひとつのまとまった概念ではありません。

フロイトの研究にはすでに、いくつかの無意識のモデルが存在していました。それから、クラインやフェアベアン、ウィニコット、ラカン、ビオンといった精神分析的アプローチで主要な著者たちによってさまざまな無意識のモデルが洗練されました。メタ心理学の原理に少しでも変更が加えられると、そのたびに無意識の考え全体が修正される点は明らかです。

分析家からすれば、無意識という概念は「時間」の概念に似ています。聖アウグスティヌスは次のように述べています。人は、時間とは何かと尋ねられると、一見するとわかっているようだけれども、説明する段になると、もはやちゃんとわかってはいないものである、と。無意識はひとつの明確に定義された統一的な概念である、という見解はまちがいなのです。実際、分析家の大半が無意識の概念に取り組んでいますが、よくよく調べてみると、神話の動物ないしある種のパッチワークのように無意識が捉えられていることがわかります。

この事態はいったい何を指示しているのでしょうか。それは、精神分析を科学的に捉える人や、あらゆるズレを消去できると錯覚する人たちにとってのみ、視座が複数存在するのは問題となるということです。しかし、精神分析という研究対象の複雑さに鑑みれば、理論的視座が複数存在していること自体も、このようなかたちで近似的にしか近づけず、問題ではない（けして本当の意味で——腑に落ちる感じでは——知ることができないものでも直観的ないし神話的になら捉えることができる、と考える人たちからすれば）のでしょう。

そのようにして、これらの理論は、無意識が創り出す事物に対する多重視点の成果そのもののようであり、まさにこの**同時に存在する多重性**のおかげで、真実や現実を手にしているかのようです。すなわち、これらの理論である経験が「詩的に」表現されているのです。その経験とは、「本来的で十全とした人生を生きている」という感覚を育むために重要なものです。

では、フロイトは無意識を「発見」したのでしょうか？　あるいは「発明」したのでしょうか？　私たちの見解では、フロイトは無意識を「発見」したと同時に「発明」したのです。無意識とは、ある学問分野を探索すると同時に拡張するための一種の探査機として機能する概念=隠喩です。このような観点から推論しなければ、さまざまな無意識の概念が多かれ少なかれ調和して共存できる理由を、理解できないでしょう。

フロイト自身の著作だけで、少なくとも二つの解釈があります。

第一の解釈では、フロイトは心のなかに「意識」と「無意識」という二つの異なる場所を思い描き、二重の境界線（検閲）で区切りました。また、精神（サイケ）の機能としてそれに対応する二つの様式を思い描きました。すなわち「一次過程」と「二次過程」です。

第二の解釈では、その心のモデルは、いくぶんか隠喩的であるものの、それまでのモデル以上にプロセスを重視しており、あまり場所というものを参照しないものとなっています。フロイトは、心を三つの審級からなる三層構造として構想しています。三つの審級とはすなわち「自我・超自我・エス」（それぞれ、パーソナリティの「意識・道徳・欲動」の領域にほぼ対応しています）を指しますが、自我と超自我はエスに起源を有するため、部分的にエスと混ざり合っており、そこからエネルギーを得ています。

分析家たちのあいだでも、無意識を実体論的に捉える人は多く、無意識が頭蓋骨のなかにあり、大脳のどこかの襞に潜んでいるかのように考えています。そういう分析家は、実体論的に無意識を神経学的無意識と混同し、一方を他方に基礎づかせようと（無駄に）努力しています。

ジークムント・フロイト

短く略歴を示します。フロイトは一八五六年五月六日、フライベルク[☆01]で、ユダヤ人の両親ヤコブとアマーリアのあいだに生まれ、一九三九年にロンドンで亡くなりました。

☆01（訳註）　現在のチェコ共和国のプジーボル。

中流階級だったフロイト家は、フライベルクからハプスブルク帝国の首都ウィーンに移り住みました。そこでフロイトは、学者として静謐な暮らしを営みました。数名の家族との死別や、一九三八年にナチスのウィーン侵攻が迫るなかロンドンに逃げ込んだことを除けば、フロイトの人生で冒険的な出来事や特別な出来事はありませんでした。

対照的ながら、彼の波乱に満ちた知的伝記は、情熱を掻き立てる長編小説をもたらしています。フロイトの生涯を描いた「小説」は、幾度も書かれ、書き直されてきました。おそらく人類史上、これほど多くの研究対象となった人物はほとんどいないのではないでしょうか。なによりも、フロイトの著作すべてイコール彼の一種の自伝小説なのです。加えて、書簡集や、元患者による本、公式および非公式の伝記などが存在しています。

アーネスト・ジョーンズによる伝記〔Jones 1953〕は、相当に聖人伝的な性質を帯びているとはいえ、不可欠な書物です。近著であれば、ピーター・ゲイによる伝記〔Gay 1998〕や、エリザベス・ルディネスコによる伝記〔Roudinesco 2014〕などがあります。書簡集には、婚約者宛ての手紙、ヴィルヘルム・フリース[☆02]への手紙、最後にフロイトが一時期「皇太子」と呼んでいたチューリッヒの精神科医カール・グスタフ・ユングと交わした手紙も、含まれています。

この三つ目の手紙に関しては、多くの偉大な作家による小説に比肩するものでしょう。この書簡集では、両名の才気溢れる個性が出会い、衝突し、最終的には別れてゆく様子が描かれています。ここでは、子どもが心理的に成長するうえで必要な親殺しと子殺しの物語が、ライオスとオイディプス双方の観点から描かれているという点で、非常に精神分析的ないしエディプス的な小説といえるでしょう。

☆02　フロイトと見識や研究や書き物を共有したベルリン在住の友人。

少年時代よりフロイトは、偉業を成し遂げる運命を感じており、ハンニバルの勇姿に自分を重ね、学問の道に進むことを決意し、実際に教養豊かな神経科医となりました。医学部を卒業後、第一人者のもとへ学びに行きました。すなわち、当時、パリのシャルコーのもとへ赴いたのです。

フロイトは、心的過程を科学的に説明することを選びました。

現代では、この夢は、神経科学の飛躍的な進歩によって再び活気を取り戻しています。日々、私たちは心的なものを神経学的なものへ還元する試みを目の当たりにしています。

しかし、フロイトはすぐにそれが不可能であると悟りました。水準こそ違いますが、心身は相互に依存し合うのです。心的なものは、解剖学や神経生理学の側面に還元できないような一連の**創発的**特性なのです。その理由は明白です。すでに指摘したように、人間の〝無意識的なもの〟（この形容詞は冗語的なのですが、「無意識という概念が自意識との関係においてのみ意味をなす」ことを再確認するために用いています）は、意味の「世界・言語・社会性」と関係しています。心は、その「社会的・間主観的・超個体的」マトリックスからでなければ理解できないものです。

いずれにしても、フロイトは『心理学草稿』〔Freud 1895〕という書物のなかで、〝心的なもの〟を神経学で説明しようとしました。この本は実際は未刊の失敗作に終わりましたが、フロイトが心の精神分析理論を推敲してゆくうえで用いた洞察に満ちている、という意味では成功作といえるでしょう。

フロイトの業績が革命的に映るためには、それまでに誰も彼と同じテーマを探索しようとしな

☆03　フロイトがある点で親近感を覚えてしまったために理解が拒まれた思想家。

かったような印象を受けますが、実際にはそうではありません。ピエール・ジャネの思索や、ショーペンハウエルの哲学、ニーチェ[☆03]の透徹した洞察、などを思い浮かべるとよいでしょう。

しかし、フロイトが次のような異質な要素をきわめて独創的にまとめ上げることに成功したのも事実です。すなわち、催眠法の修正とそれに付随する夢の有効使用、セッションで「夢見る」のに適した装置（セッティング）、夢解釈と自由連想の技法を指しています。さらに、分析家側の要素として、自由に浮かぶ（平等に漂う）注意を指します。

フロイトは多面的な人物でもありました。

まず、彼は偉大な文筆家でした。『夢解釈』は彼の自己分析をめぐる刺激的な物語であり、彼の手になる臨床例は小説として読むことができます（それもあって一九三〇年、権威ある文学賞であるゲーテ賞を受賞しています）。

「哲学者」としてのフロイトは、人びとが自身について考える方途に革命を起こし、ポストモダン、脱構築、いわゆる「修辞学的転回 *svolta retorica*」[☆04]や「言語論的転回 *svolta linguistica*」[☆05]の基礎を築きました。すなわち、「人間が真理に与える定義は、その陳述を定式化する方途と密接に関連している」という考え方に基礎を与えたのです。このため、ポール・リクール〔Ricoeur 1965〕はフロイトのことをマルクスやニーチェと並べ、いわゆる「懐疑の巨匠 *Scuola del sospetto*」の一角に含めました。

心理学者としてのフロイトは（言わずもがな）人間の魂 *animo*[☆06]を理解するためのもっとも透徹した鍵を与えてくれる学問分野を創始しました。医師としては、ある種の心の苦しみに対して、現

☆04　「レトリック的転回 rhetorical turn」とも言う。「言語論的転回」、「解釈学的転回」に次いで、1970年代頃から静かに盛り上がり始めた、人間科学全般における知的動向を指す。テクスト理論や修辞学的見識を活用し、「基礎づけ主義」（客観主義や実証主義）が標榜する「真理の対応説」や科学的実在論の対立軸として盛り上がり、人間科学の言語や論理の問い直しを目的としている。

在でももっとも有効な治療装置を発明しました。さらに、広い意味での文化的影響、すなわち日々の共通の意味でフロイトの影響力は甚大なものとなっています。

❖ヒステリー者は記憶に苦しむ

思い出そうとすれば死ぬ。記憶が敵だと気づくまでには時間を要した。自らの記憶を呼び起こせば、たちまち死んでしまう。青酸カリを飲み込んだような感覚だった。あの場所で、ノスタルジーが死をもたらしたなどと、どうして私がわかるのだろうか。……断固として抵抗するのだ。失敗は許されない。すべての門扉を閉ざせ。身を固めろ。忘れるんだ。過去のことを頭から消し去ろう。一掃しよう。頭のなかになにも残すな。振り返ることはない。もうこれ以上、思い出すな。……思い出が入り込んで襲ってくるやいなや、私は全身全霊を傾けて、その記憶を消し去り、その行手を阻んだ。まずは心身を整えて、腹からゆっくりと呼吸し、その呼吸の働きに意識を集中させるという、自分なりの工夫を編み出した。イメージを膨らませるのだ。周りで動いているもの一切を駆逐して、そのイメージを枠内に収める。瞬きし、目を細め、ぼやかしてゆく。そして、そのうちの一点を、じっと見つめるのだ。凍りつくまで、ずっと眺める。もう、このイメージ以外にはなにも見えない。私は深く息をして、自分が見ているものは消える運命にあるイメージに過ぎないのだと言い聞かせる。心のなかで、自分ではない誰かと交代する。私とこのイメージは無関係なのだと自分を納得させなければ。何度も何度も言い聞かせる。この記憶は私のものではない。間違っている。私に過去などない。だから、記憶なんて存在しないのだ。〔Jelloun 2001, p.29-31〕☆07

↘ ものである」という仮定のもと、思想の具体的分析の方法として言語の分析を採用するという方法論的転換を指す。近代哲学や現象学が個々人の「意識主観」を土台とし、そこでの観念や経験を分析することによって、認識や善悪などの本質を解明しようとしていたのに対し、現代哲学の多くの論者は、人びとのあいだで共有されている「言語」を土台に、それらの問題を捉え直そうとしている。

タハール・ベン・ジェルーンによる小説『この眩しいほどの光の不在』は、モロッコ国王殺害を企てたとして告発された兵士たちが何年にもわたり漆黒の闇に放り込まれるという身の毛のよだつ投獄話を描いています。その本の語り部が、この生存戦略を練り上げた人物です。新しく無慈悲な生の文脈にあっては、幸せな記憶でさえもがキラーコンテンツとなります。換言すると、心を粉々にするほど揺さぶるような情動を喚起するイメージや思考や記憶、危険な自己免疫反応を引き起こす有害な思考などになるのです。

『記憶の人フネス』という書名の短編小説のなかで、ボルヘスも、自身の知覚や感覚を細部まで覚えてしまうために、考えることができなくなった男性について記しています。ボルヘスによれば、フネスは――

普遍的、プラトン的観念をもつことはおよそできない男であった。……包括的な「犬」という属名が、さまざまな大きさや形をした多くの一様ではない実例を含むということを理解するのは、彼にとって難しかったというだけではない。三時一四分の（横から眺めた）犬が、三時一五分の（前から眺めた）犬と同じ名前をもつという事実に悩まされたのである。……フネスは腐敗やカリエスや疲労などの音もない進行を絶えず見分けることができた。彼は、目の前の多様な世界を、すぐさま、しかも耐えがたいほど正確に、見てとることができる孤独で明晰な傍観者だった。……とはいえ、彼は思考についてはあまり能力をもっていなかったと私には思われる。考えるということは、さまざまな相違を忘れること、一般化すること、抽象化することである。フネスのいわばすし詰めの世界には細部、ほ

☆05　1960年代頃から活発化した動向であり、「ある人の使用する言語表現がその人の思想を写像mappingした ↗

☆06　animaは、主に人間や動物の「霊魂」「生命」そのものを指し、animoは、特に、人間の知性・意志・感情の表れとしての「魂の働き」つまり「心」を指す。

……とんど連続した細部しか存在しなかった。〔Borges 1944, pp.130-131／邦訳：pp.158-160〕

これらの文章は、忘れるという機能が働かないとき、記憶することが致命的なまでに危険であることと、考えることが不可能であることを物語っています。しかし、なぜ精神分析は記憶の作業なのでしょうか？　ここでその歴史を段階的に振り返ってみましょう。

フロイトは、優秀で野心的な若い学者だったので、名声を確立するための発見を求めていました。彼の留学先パリでは、シャルコーが当時の流行り病*grande malattia*だったヒステリーを催眠で治療していました。ひとたび抵抗が克服されてトラウマが思い出されると、その症状は消失しました。

ウィーンに戻ったのち、偶然にもフロイトは、師友であるブロイエルとともに、催眠の限界を迂回しつつ（も使用しつづけていたのですが）、類催眠状態をもたらすような修正技法が役立つことを発見したのです。今日でも「カウチ」が使用されつづけている理由としては、感覚刺激を減らして、覚醒状態にある患者が、夢のなかで考えることにできるだけ近い状態で考えられるように誘い、そうすることで患者が自身の内的な生活に集中できるようにすることが挙げられます。映画館と同じです。つまり、照明を落とさなければ、スクリーンに映るものがほとんど見えません。

警戒意識の拘束は緩み、「自由連想」のシステム（これは思考機能の基本様態を向上させる方途に他なりません。すなわち、夢見る際に考えているように表現されるものを指します）のおかげで、もっとも隠され

↘ 重訳は避けるべきだろう。そこで、本書では、引用される文献がイタリア語以外の場合、原典にあたりそこから訳出した（フロイトとクラインの文献のみ英語を原典とした）。それに伴い、本書で記されている引用ページは、イタリア語版ではなく、原典のものに差し替えている。文献にあたる際は注意されたい。また、すでに日本語訳が発表されている場合、それらも参照したが、そのまま抜粋することは避け、新しく訳し直している。

た精神（サイケ）の深部に入り込むことができるのです。そこには、トラウマの記憶が神経症症状に派生したかたちで表現されて、巣食っています。これらの削除された記憶、すなわち無意識に抹消された記憶は、異物のように、放射能区域のように、正常な精神組織の一部ではないかのように作用します。フロイトの格言にあるように、「ヒステリー者は記憶に苦しむ」のです。

それだけにとどまりません。フロイトの発見によれば、心的発達において性愛性（セクシュアリティ）が重要な役割を果たし、トラウマの多くが性的虐待と関係していました。

当時、このスキャンダルにより大問題が巻き起こりました。十九世紀末のウィーンを支配していたブルジョワ的で豪華な雰囲気がどのようなものであったのかを考えてみましょう。これは、ヒステリーの原因を「トラウマ性のもの」として規定できるとしたフロイトの最初の理論を指し、「カタルシス」による治療論に対応しています。

アリストテレスにとって悲劇における葛藤の演出が解放を意味していたように、実際のところ、その治療の目的は、トラウマから自らを解放すべく思い出すことにありました。そしてトラウマは、過去の出来事、すなわち本当に起こった物事として吟味される必要があるものとして、現実的な意味で理解されるようになりました。

これはボローニャ出身の歴史家カルロ・ギンズブルグ〔Ginzburg 1986〕が「徴候解読型パラダイム *paradigma indiziario*」☆08と呼ばれる重要な評論で述べている内容に重なります。そこでギンズブルグは、フロイト（コナン・ドイルによる推理小説の熱心な読者だった）のことをシャーロック・ホームズやジョヴァンニ・モレッリになぞらえ、誰もが見落とすようなささいな部分（爪や耳たぶの形など）に着

☆07　原書ではイタリア語以外の文献が引用される場合、当然イタリア語に訳されている。これを本書で日本語にすると重訳となるが、翻訳者の最低限の良心として ↗

目し、けして間違うことなく評価を定めることができる傑出した美術評論家と称しました。フロイトにとって、これに等価なものが〃心の廃棄物〃であり、それまでは誰にも（少なくとも科学分野では）注目されてこなかったものです。すなわち、夢、間違い、失錯行為、冗談などです。これらの精神（サイケ）の全要素は、ヒステリー症状と重なるような事実、すなわち妥協策という事実を共有しています。

つまり、その妥協によって、「自我理想」（個人が承認を感じとり、自尊心や自身の価値観を育むために目指すような、理想の自己像）や「超自我」（ものごとの善悪を規定する、内なる法廷のようなもの）にとって不愉快で容認しがたい欲動（人間行動を説明するためにフロイトが仮定した、身体に根ざした生得的な「性」衝迫と「攻撃」衝迫）に由来する〃潜在性の衝動〃が表現可能となり、同時に、それらを食い止めるために採択した防衛表現も示されるのです。

いずれにしてもこれは、映画館で観るヒッチコックの名作に出てくる探偵のようなフロイトです。

❖新しい記憶の概念

次に何が起こったのでしょうか？　フロイトは、患者の報告する記憶が一見すると信頼できるようでも、必ずしもそうでないという事態に、いち早く気づいたのです。個人のレベルでは、劇的な危機でした。すなわち、自分が間違っていたことを悟り、すべてを撤回しなければならなくなり、当時の世間の顰蹙を買いました。

☆08　ギンズブルグが1979年の「徴候――推論的範例の根源」において提唱した人文科学の方法論の一種を指す。一見すると取るに足りない周辺的な行為、無意識的ないしルーチン的になされた行為を徴候として解読することである。本小論において、ギンズブルグは、モレッリ、ホームズ、フロイトらによって用いられている方法、すなわち、さまざまな断片的な徴候からそこに伏在する全体的なストーリーを復元する手法を検討した。

このように激しい盛衰の痕跡は、ベルリンの親友で、相当に優秀な耳鼻科医であったヴィルヘルム・フリースに宛てたフロイトの手紙にさかのぼることができます。一八九六年十二月六日、フロイトは次のように綴っています――「君が知っているように、僕は、人間の心的機構は現存の記憶痕跡の素材が時々新しい関係に応じた**配列を変え**、すなわち書き換えを被ることにより、重層形成によって発生したという過程を用いて研究しています」。そして、続く手紙には次のように書かれています〔1897年9月21日〕。「そしていま、ここ数ヶ月の間に私のなかで徐々に明らかになってきた大きな秘密を、すぐにあなたに打ち明けたいと思います。私はもはや自分の**神経症学**を信じていません」〔Freud 1986, p.264／邦訳：p.274〕。

ところが、なにかが死ぬと、なにかが生まれてくるものです。

この一節には、当時としては前代未聞で、ことによると現在では常識とさえなっているような「記憶」の新説の輪郭が描き出されています。それを表現する用語は、「事後性 *Nachträglichkeit*」という発音困難なドイツ語であり、後続性 *posteriorità*、アプレ・クー *après-coup*、遡及作用 *deferred action*、回顧的帰属 *attribuzione retrospettiva* など、さまざまに訳出されています。これらはどういう意味でしょうか？ それはすなわち「私たちの記憶は固定されたものではなく、さまざまな水準で、常にある種の修正を受けている」ということです。

ソシュールが言語（ラング）の構造を考えていたのと同じように、付け加えられるものはすべてが記号（シーニュ）の差異のシステムに入り込みます。ソシュールにとって、言葉（パロール）と事物の結びつきは恣意的であり、事物に直接対応するようにもともと存在するような原語は存在しません。それぞれのシーニュは、その他のシーニュすべてとのあいだで成り立っている同一性と差異性の関係においてのみ意味をなしています。それゆえに、別のラングであれば、同じ対象でも違うパロールで表現されます。

これはかなり直観にも即しています。新しい記憶や体験は、過去の記憶や経験に新しい光を投げかけます。さらに、新しい事象は、それ以前に起こったことを病理発生の原因として価値づけし、まるで時間の矢と因果関係が過去に逆行するかのように、記憶のなかで残存するのです。もちろん、新しい「記憶痕跡」は、過去の出来事の記憶に作用するのであって、出来事**そのもの**に作用するわけではないので、実際のところは違うのですけれど。

これは外部の観察者から眺めた場合を指します。しかし、主体の立場になって考えてみましょう。過去の出来事のことを、「いまだに生きている過去の刻印」として考えるのではなく、たとえば数年前に起こった出来事として刻まれて**自身と一体化したもの**として考えるから、事態が複雑になるのです。この観点から眺めると、過去は本当に変化したかのように映ります。

いずれにせよ、心と意識に関するもっとも定評のあるモデルを作ったエーデルマン[☆09]は、その相当に力動的で革新的な記憶概念にフロイトの功績が関与していることを認めており、自著『脳から心へ――心の進化の生物学』〔Edelman 1992〕をフロイトに捧げているほどです。彼の手になる記憶のメタファーは「変わっていないように見えても実は変動しつづけている氷河」の喩えを用いています。

さて、フロイトに戻りましょう。彼は、最初のヒステリー神経症の〝原因論〟の後釜である

☆09　免疫系研究で1972年にノーベル賞を受賞。

〝懐疑論〟（不安神経症、恐怖症、強迫神経症など、ほかの神経症を理解するためのモデルでもある）と記憶に関する新説によって、心的現実と無意識的空想の有効性、すなわち「無意識の表象がいかに個人の人生を大きく左右しているか」ということを発見しました。たとえば、特定の**脚本**や**関係図式**や**内的光景**の強制的な反復によって拘束されることで、そのような事態が起こるのです。

もちろん、現実に具象的なトラウマが存在していないという意味ではありません。トラウマは――非常に斬新なのですが――「無意識や想像上のレベルでのみ起こりうる」と理解されるのです。一見するとささいな出来事がトラウマとなるのは、無意識の〝心的幻想〟をショートさせてしまうからです。逆に、相当に深刻な出来事であっても、十分に心的資源に恵まれた人であれば、それはなんの問題もなく対処可能なものなのです。

❖フロイトの無意識モデル

無意識という概念は、実験が立証してきたように、「個人の心的生活の大部分には、直接近づくことができない」という事実を説明するうえで役に立ちます。

フロイトは心的システム／組織としての無意識について、ふたつの不可欠なモデルを考案しました。専門用語で述べれば、これらは《第一局所論》モデルと《第二局所論》モデルといいます。

《第一局所論》モデルでは、無意識は、機能が異なるふたつの区画、すなわち意識〔C〕と無意識〔Inc〕で構成されています。前者は〈一次過程〉に基づいており、後者は〈二次過程〉に基づいています。

〈一次過程〉は、夢という言語活動（ランガージュ）に見られるようなテクストとイメージの〝創作的レトリック〟（本質的には「置き換え」や「圧縮」を指しており、「換喩」と「隠喩」のメカニズムにほぼ相当）を表現しています。フロイトの言では、夢は無意識へ至る王道なのです。一方、〈二次過程〉は、意識的な生活や論理-合理的に考えるうえで機能を果たします。

フロイトの見解によれば、無意識という区域は、ある種の貯蔵庫であり、これまでの世代から受け継いだ「系統発生的」内容（「原空想」と呼ばれる、幼少期の性的体験を本当に組織化するもの）だけでなく、意識が拒絶する（現行の道徳的で市民的な規範では受け入れがたいために）表象も保有しています。事実、全体主義国家と同じように、権力体制を脅かさないように検閲されるべき内容を特定すべく配置された、精神（サイケ）の審級の活動による産物でしょう。この検閲が〝心的テクストの断片〟に無意識に作用するプロセスを「抑圧*」と呼びます。

これらの表象群は、さながら流刑地に引き渡された亡命者のように、対応する感情から切り離されて、無意識のうちで陰謀を企て、自らの考えを主張しつづけています。その破壊行為の結果によってドアから投げ出したものが、偽装されて窓から舞い戻ってきたり、意識から追い出した内容が象徴的なかたちで表現されたりして、種々さまざまな症状となるのです。つまり、症状には「妥協形成*」があり、消去されたものを部分的に受け入れることと、それに抗して防衛することの両方が表現されています。

心的活動を引き起こすのは、欲動なのです。すなわち、身体から生じる、個人の（性的な、攻

＊**抑圧**　主体の欲動や欲求と葛藤するような特定の心的内容（思考、イメージ、記憶）を維持ないし無意識化する操作。不快や苦痛を齎しかねない要素を取り除くための方途。【用語解説：p.201】

撃的な）一次欲求の充足に駆り立てる衝迫です。無意識のなかには、否定も、疑いも、時間感覚も、現実感も存在しません。要するに〝快〟原則は、〈二次過程〉に特徴的な「思考同一性」と区別するために、フロイトが「知覚同一性」（充足体験によってできた対象の像と同一の知覚）と呼ぶものを、もっとも単純な方法で再建する傾向として理解されています〔Laplanche & Pontalis 1967, p.194／邦訳：p.318〕。最短の近道は明らかに「幻覚」であり、それは、現実の要求と避けがたく衝突します。

ラプランシュとポンタリスの指摘によれば、「非合理主義的」解釈によって強調されることとは逆に、『夢解釈』全体が、周知のとおり、「科学的」偏見に反対して、夢がロゴスの第一の型の働きを構成する諸規則に従っていることを示そうとして、書かれたものである」〔ivi, p.195／邦訳：p.319〕。「思考同一性」は依然として「知覚同一性」に奉じていますが、直接的な経路をたどるのではなく、常に同じ目的のために、間接的な経路を利用できるようにしています。

心的葛藤、治療抵抗、痛みを伴う体験の反復などの諸現象は、意識／無意識（いや、意識‐前意識／無意識）の弁証法に基づいて説明可能です。

《第一局所論》では無意識がなによりも場所／システムとして把握されているのに対し、《第二局所論》の場合には「無意識的なもの」は、それを構成する種々の「審級」と関連する精神（サイケ）機能の性質を形容するための形容詞として使用されることが多いでしょう。

本書の第一章で述べたように、これらの審級が「自我・超自我・エス」です。無意識のモデルは、より力動的で機能的なものとなります。「超自我」は両親が定めた文明生活のルールを取り入れることに対応し、「エス」は主体の欲動領域の欲求を表し、「自我」はある衝迫と別の衝迫の仲介を担います。

フロイトの記述にもあるように、この三層モデルから導かれる重要な結論によれば、自我もまたエス**に**も**っ**と**も**深**く**根**ざ**し**て**おり、それゆえに〝不可解で秘められた方途で〟機能するのです。

メラニー・クライン

メラニー・クライン[☆10]は、フロイトの「心的現実」の研究を見事に継承した人物であると同時に、彼女自身、過激で非常に独創的な革新者でした。

一八八二年、彼女はウィーンのユダヤ人家庭に生まれ、医学の道を志しました。けれども、結婚と出産のためにやむなく中止しました。十数年ブダペストで暮らし、シャーンドル・フェレンツィに分析を受け、分析家としての訓練を受けました。それからベルリンに移り、カール・アブラハムのもとで数ヵ月間、二度目の分析を受けました。

そして一九二六年、ついにロンドンに永住することを決めました。彼女はこの地で多くの創造性豊かな弟子を育て上げました。そして、自我心理学と呼ばれる精神分析の一派を生み出した、異なる精神分析の潮流の代表者であるアナ・フロイトとの壮絶な戦いの末、一九六〇年、同地でその生涯を閉じました。

クラインは、児童分析の分野における先駆的な仕事で知られ、いわゆる対象関係論の創始者

☆10　旧姓ライゼス、「クライン」は夫アーサーの姓。

として有名です。その著名な着想は、ここに記しきれないほど厖大にあります。たとえば、無意識的空想、羨望、償い、分裂と投影同一化、妄想分裂ポジション、抑うつポジション、喪の作業、部分対象、全体対象などがあります。

クラインによる心と無意識に対する考え方は、フロイトのそれと決定的な点で異なっています。そのことを理解するための鍵となるのは〝具象的〟という言葉と、〝遊び〟という言葉ではないでしょうか。

❖内的世界の具象性

〝具象的〟という形容詞は、クラインがある本質的な特徴に関して心の働きを想像している様子を説明するために使われます。すなわち、**内的世界は外的世界と等価の具象性を有している**のです。

この仮想空間には「先住民」と呼ばれる人びとが住んでいます。この先住民たちのことを「対象*（特に「部分」対象）をめぐる、さまざまな段階や関わり方の記憶」として表すこともできるでしょう。内的対象としての登場人物が演じるプロットを実現させる舞台装置は、子どもの身体です。しかし、早期の段階では、母子はほとんど未分化なので、母親の身体であるともいえます。

その後、最初の分化プロセスが始動すると、自分の身体の一部と母親の身体の一部とのあいだに関係 *rapporto* が成り立つようになります。こうした段階では、子どもは**自身と対象の全体像**

＊対象　精神分析では大半の場合「対象」という言葉は、主体である個人が性的対象や愛情対象などとして関係を有する人物を指す。一般に、日常語としての「モノ」の意味はない。【p.196】

を思い描くことができず、そのために**対象を断片化したものとして体験する**ことになります。

この原始的世界から「無意識的空想」が生じます。無意識的空想にはそれぞれ別に演劇の〝劇作〟が存在し、そこに表現される関係性が「原始的」な性質を帯びているゆえに、それぞれの舞台で上演されるのは、基本的に、鬼や妖精や魔女、あらゆる種類の残忍さを備えたおとぎ話の世界なのです。

二歳の頃に夜驚症に悩まされていた、四歳三ヵ月の女児トゥルーデの治療に関するクラインの記録から、その一端を紹介しましょう。

そのとき、彼女は、自分の部屋と呼んでいた治療室の特定の隅から現れて、そっと近づいてきて、色々なことをして私を脅そうとした。私の喉を突いたり、私を中庭に投げ出したり、私を焼き殺そうとしたり、あるいは私を警察官の手に渡そうとしたりした。彼女は、私の手足を縛ろうとし、ソファのカバーを取り除いて、「お尻の大便を見る遊び*po-kaki-kucki*」をしていると言った。……それは、母親の「お尻*popo*」を覗き込んで、自分で子どもたちと名づけた「大便*kakis*」を探そうとしていることであるとわかった。別のあるときには、彼女は、私のお腹を叩きたがって、自分は私［治療者］の「大便*a-a's*」を取り出してすっからかんにするのだ、と宣言した。……そのとき、彼女はすでに、妊娠中の母親からお腹のなかの子どもを奪い、母親を殺害して父親に代わって父親と性交したい、という願望をもつに至っていたのである。このような憎悪や攻撃性の傾向は、不安感や罪悪感とともに、母親への固着［二歳時に特に強くなっていた］の原因となっていた。〔Klein 1926, p.131／邦訳：pp.154-155〕

こうした恐ろしい「体験の記憶の堆積」は、絶えず**外に投影される**傾向があり、統合された主体が〃世界を捉えてその意味を読み解くレンズ〃の一部を形成するでしょう。体験に意味を与えるために主体は、外に見えるもの（未知なるもの）を自身のなかに含まれているもの（既知なるもの）と同化させ――主体が未知なるものを知る唯一の方法がこれです――、後者の観点から前者を修正しようとすることによって、認識を「ねじ込む」のです。同時に、主体はみずから、自身が見るものによって修正を受けるようにもします。

ここで明らかとなっているのは、ふたつの面です。すなわち、私たちが取り組んでいるものを「即座に知ることができる非常に有利な機会」があるという側面と、新しい体験を「不適切で誤解を招くような図式に押し込めようとする」ことには限界があるという側面の両面です。不安が外部に対する閉鎖性を招き、「幻覚的」と言えるような投影活動*が増加すると、〃内／外の交流〃という正常な弁証法が瓦解します。

❖夢見るように遊ぶこと

このような心的生活と無意識のモデルに基づいてクラインは、空想や、夢や、遊びのことを、「リビドーの欲求不満から生じる知覚の失敗（幻覚にさえつながる失敗）」とは考えていません。むしろ、最早期の〃象徴化〃（すなわち必要な現実の「偽造」）を初歩的な〈転移〉*の結果として考えています。多少なりともデフォルメされた「内的対象」とそれに対応する「空想」は、夢や遊びに出てくる登場人物にその性格を刻み込みます。〃遊び〃はクラインの理論立てにおいて基本と

*投影　超自我にとって好ましくなく、自分のものとして認めたくないような心的内容（情感や欲望など）を排除し、他者に帰属させようとする個人が抱く無意識的空想。【p.198】

*転移　ある状況から別の状況への無意識的かつ恣意的な情感の置き換え。不快な衝動、情感、思考に影響していて、禁じられて遠くに抑圧されてきた欲望と結びついている。【p.197】

なる要素です。クラインの焦点が児童分析にあり、子どもは夢を語るのではなく遊ぶということが、その根拠となっています。

子どもはその空想、願望、そして、実体験を、遊びやゲームを通して象徴的な方法で表現する。そうすることで、子どもは、いわば私たちが夢においてよく知っているのと同じ蒼古的で系統発生的に獲得された表現様式や言語を使用するのである。そして、私たちは、フロイトが夢の言語に接近するために教えてくれた方法でそれに接近する場合においてのみ、この言語を十分に理解することができるのである。〔Klein 1932, p.7／邦訳：p.8〕

いずれにしても、これがクライン派の精神分析における重要な定説です。「遊ぶ」ことは**夢を見て夢想する**ことであり、無意識的空想を世界に投影するようなものです。すなわち、内的世界で刻一刻と起こっている事柄を伝える筋書きを、外部から最適の役者に演じさせることです。良い役割（保護的な内的対象）を演じるのが上手な人もいれば、悪い役割（迫害対象）の名優もいます。『ハムレット』にこんな一幕があります。宮廷に到着した一座は、若き王子の招きに応じてゴンザーゴ殺しを演じることで（これが内的場面）、演劇を観ている観客の物語（悲劇の外的場面）を力強く膨らませるのです。

フロイトによる夢の見解と同じく、クラインにとって子どもの遊びには、潜在的なテクストも顕在的なテクストも含まれています。夢と比較して、遊びでは、ある種の編集過程 *editing* という作業と見なされるようなプロセスが重要視されます。それは、フロイトが「二次加工」と呼んだ（夢に一定の一貫性をもたせるための最終的な介入として）ものを指します〔Bléandonu 1990〕。

反対意見の別の著者によれば、遊びは、自由連想に代表されるような「人為的な」夢や、通常な意味での夢よりも、無意識にアクセスしやすい手段と考えられています。というのも、前言語的ないし超言語的な無意識、つまり原抑圧（フロイトによると、無意識を構成する最初の要因であり、系統発生的遺伝と対象とのあいだに起こる最初の「記号論的」体験である）に近接する深淵な無意識により遊びは強烈に刻印づけられているためです〔Kristeva 2003〕。

❖原象徴化

子どもは、絵を描いたり、遊んだりすることで、みずからが体験した世界に意味を見出します。遊びや夢のおかげで、子どもは対象（母親や母親代わりの存在）との最初の関係の記憶に蓄積された原始的な世界を特徴づけるような「具象的同一化」を少しずつ消していくことができます。いや、むしろ、象徴によって心的表象を併置することができるのです。

自分自身の観点から（なによりも身体的な自己の観点から）変形を加えることによって、世界を同化しようとする衝迫は〝あらゆる転移と象徴化の活動の出発点〟です。子どもが遊ぶ楽しさを感じられるように一緒に遊ぶことで、子どもは自身の〝体験を意味づけて考える〟ための道具を適切に使えるようになります。

クラインで始まりビオンで完結する夢の考え方は、実質的なところ、変化しています。夢は検閲によって歪曲され、幼児的な願望充足（睡眠を守ることを唯一の目的とする）を伴うようなテクストではもはやありません。むしろ、「現実を解釈する」という観点から生成される〝心の劇場〟なのです。

❖「深い」解釈

分析家が子どもの遊びや描画を成人患者の夢と同じように扱うと考えれば、その見解の帰結として、内的対象世界の力動組織とそれを支配する二分法的な感情論理[☆11]は、フロイトの特色であった二元論（空想／現実ないし一次過程／二次過程）に疑問を投げかけることになります。今日的な理解によれば、**現実は心の夢で常に充満しています**。このために分析家は、（夢であろうとなかろうと）一切を〈転移〉の観点から捉える傾向があり、いま・ここに関して、患者のあらゆる連想を「分析家への無意識的な言及」として解釈するのです。

クライン派の分析家による仕事の特徴は、非常に頻繁に、そして「深く」解釈することにあります。また、いま・ここでの無意識的空想の活動の意味（関係を読み解く鍵として機能すると同時に、その関係をかたちづくるような）を、直接的に表現することにもあります。そして、分析家が非常に幼い子どもや重病の子どもの制止[☆12]をなんとかして克服しなければならない事態に陥った場合、この傾向はますます顕著になります。クライン派ほど、転移の役割と、可能な限り転移を解釈することを、重視している学派はいないでしょう。メラニー・クラインの座右の銘は「解釈優先」なのです〔King & Steiner 1991, p.635〕。

遊びという技法を導入し、遊びを夢テクストと同じように解釈する方法によって、事実上ク

↘ う、独自の力動組織が駆動している。その世界は、養育者の乳房や眼差しなどと自身が体験した痕跡ともいえる「部分対象」で大きく構成されている。そしてその対象は、基本的に「良い」か「悪い」かの二分法的な感情の線引きで大きく隔てられている。乳児は自身の体験世界をなるべく「良い」対象で満たすべく、「悪い」対象を自身の内的世界から排除しようとする。このような感情のロジックが乳児の心的な世界を形作っているのである。

ラインは〈転移〉の概念を再定式化しました。それにより〈転移〉の概念はほとんど直接的な現象となり、転移神経症が発展するように「育む」必要がないという考えに変わりました。彼女はセッションの夢パラダイムを先鋭化し、「子どもの夢と符合する遊びを背景にして、大人の夢を理解する」という逆説を提起します。さらに述べるならば、大人の夢だけでなく、大人の〝語らい〟すべてが、子どもの描画や遊び（それゆえに夢見ること）として理解することができるのです。

遊びという具象的なメタファーのおかげで、「セッションという絶え間ない夢」というものがわかりやすくなります。その理解の筋によれば、その瞬間、患者は現在の情動体験について夢見ているのです。

フロイトが夢を通時的な視座から捉えているのとは対照的に、クラインは夢をきわめて構造的で共時的な視座で捉えています。知覚と空想（すなわち意識と無意識）のあいだには絶え間ない相互作用が存在しています。メビウスの輪のように、人間は外的世界から内的現実、そして物質的世界へと絶え間なく滑落していくのです。

内的対象の理論が夢の解釈作業を変え、夢が直接経験の〈転移〉表現として理解されたとしても、本質的には従来どおりの意味で〈転移〉が理解されていることに変わりありません。

一方でクラインは、内的世界の構成の様子について「社会」モデルを導入しました（子どもは常に対象と関係を結んでいる、という）。他方では、無意識的空想の生得説を極端に強調するあまり、内的世界の歴史性を空洞化させ、環境の役割を無視することとなりました。クラインによる心や夢に関する諸理論が「神学」的といわれる所以です。ご存じのように、天使と悪魔は、主体

☆11　クラインの見解によると、フロイトの想定していた世界より早期の乳幼児の体験には「内的世界」とい ↗

とその個人史が始まる前から存在していましたので。

❖クライン派理論の発展

クライン派の理論に照らしてみると、フロイトの夢理論から、無意識的空想の理論の発展・推敲を経由し、ビオンによる概念〈アルファ機能〉（覚醒夢思考*であり、パーソナリティの精神分析的機能としての無意識）へ至る前提がすでに見え隠れしています。また、対象関係に割り当てられた役割と〈投影同一化〉概念のおかげで、ユニパーソナルな心理学から間主観的な心理学へと向かう最初の移行も、そこにあります。

言い換えると、患者の心が組織化されて機能を果たす様子を研究する心理学から、別の心理学へ移ったのです。つまり、その心理学では、分析家が関与観察者であり、絶えず患者の治療で機能を果たしながらも、理解で中心となる道具は、二人で組み立てた関係や〝情動フィールド〟となるのです。

そこではセッションは、さながら四手のためのソナタや、共著による著作物のようなものです。違うイメージを用いれば、分析家が被分析者の心を顕微鏡で観察している場合と、患者が完全にこのことに気づいていないとはいえ、分析家も患者も自分自身を観察者として観察対象者として捉えている場合とに分かれます。

クラインが立ち止まったところから、ビオンが引き継ぎます。たとえばビオンは〈投影同一

☆12 制止 *inhibition* とは、自我機能が制限されている事態を表現するものである。その原因は多様であるが、おおむね、超自我との関係、エスとの関係、外界との関係で起こることが多く、なんらかの葛藤回避の方途である。たとえば、子どもが特定の字を書くことに困難を覚えたり、ある数同士の算数ができなかったりすることがある。

化〉を無意識ないし非言語的なコミュニケーションの正常な様式と見なし、夢（遊び）と象徴形成の等価性を最大限に強調し、すでに無意識のパラグラフで述べたように、夢作業*の見方を完全に覆しました。夢見ることは、もはや「超自我が検閲した潜在的意味を破壊・隠蔽する」ような心的活動ではなく、心の〝詩〟を構成する活動となるのです。

とりわけ、ビオンは、この「夢見ること」の本質をめぐって、根本的に〝間主観〟的な見解をクライン派の理論に加えることとなります。すなわち、夢見ること‐考えることが「母子の出会い」という心的誕生で起こるのか？　一個人の心で活動する「二重／集団」のレベルで起こるのか？　あるいは具象的な二重状況で起こるのか？　――それは瑣末な問題なのです。夢見ること‐考えることは、常に〝わたしたち〟と関係しています。ナンシー〔Nancy 1996〕の言葉を借りれば、**単数形の存在者は常に複数形の存在者**と言えるでしょう。

不思議に思われるでしょうが、世の中のものごとを捉えるうえで、私たちの「素朴なリアリズム」の重力は強大であるため、大多数の分析家がフロイトの教えを誤解し、アマチュア歴史主義の純粋な認知的枠組に固執しつづけています。

そのせいで、これまで述べてきたような概念を理解することが出来ず（もっとひどいことに、理解したような印象を与えたとしても）、そこから理論的・技法的なレベルで首尾一貫した結論を導き出すことがまったく出来ないのです。

＊**覚醒夢思考**　フロイトは、夢を心的生活のモデルの中心に据えた。夜と昼の夢のあいだに連続性が存在するという考え方が、新しい精神分析のパラダイムとしたのが、ビオン。【p.193】

＊**夢作業**　眠りを妨げかねない夢の潜在思考を覆い隠すことで、妨げとなる内容を取り除いた顕在映像へ変換する――圧縮、置き換え、表現可能性への顧慮、二次加工。【p.200】

ドナルド・ウィニコット

フロイト以降でいえば、ドナルド・ウィニコットは、その理論を厳密には採用していない人たちにとっても、参照すべき基準点となっており、おそらくもっとも愛されている「横断的な」分析家ではないでしょうか。さらに最多の引用数を誇る分析家でもあります。ＰＥＰというアーカイヴ[☆13]でもっともよく読まれている二五編の論文のうち、七編が彼による研究なのです。具体的に述べると、「移行対象」に関する論考、「逆転移における憎しみ」に関するもの、「母子関係」をめぐるもの、「対象の使用」に関するもの、「破綻恐怖」「ひとりでいる能力」をめぐるもの、「原初の情緒発達」の論文です。そのうちの三本は、これまでの学術論文の最多引用トップ一五に入っています。

ウィニコットが精神分析の考えで中心となる著者である理由は何なのでしょうか？　簡単に述べるのは難しいのですが、彼には非凡な才能があっただけでなく、学者として好機に恵まれて幸せな境遇も有していたことに起因している、と述べれば真実に近いのかもしれません。ウィニコットは、精神分析の歴史が「ユニパーソナル」な精神分析から「バイパーソナル」な精神分析へ移行してゆく、きわめて重要な時期に活躍した主要人物のひとりなのです。その時期とは一九六〇年代前後を指します。

時代精神を採り込んでいた（たとえばウィニコットの研究は、ちょうど同じ時期にビオンが「集団」で大な

☆13　精神分析電子出版――ネット上で入手可能な精神分析文献の最重要データベース。

り小なり実施していた事柄に完全に一致する）だけでなく、小児科医という職業柄もあって、関係性を通じて心が生じる様子を日常的に観察することから「恩恵」を受けていたことも、うまくはたらいたのでしょう。実際、彼のもっとも有名な主張によれば、「母親もその一端を担う特別な一対関係のなかで捉えない限り、子どもは存在しえない」のです。

この考え方は画期的ではないでしょうか。どうしてでしょう？　なぜなら、フロイトが先立って必然的に「関係的な」所感をさまざまに残しているにもかかわらず、実際に画期的な変化をもたらしたのはウィニコットであるからです。彼によって「関係性」をめぐる精神分析の道が開かれ、そこにあって分析家は、子どもにとっての母親のような存在となり、それまでに考えられていた以上にはるかに〝人間的な全体性〟が重視されるようになりました。

一八九六年にプリマスで生まれたウィニコットは、ロンドンで過ごし、一九七一年に亡くなりました。英国精神分析協会会長などの名誉ある要職を歴任し、これまで述べてきたように、関わっている対象年齢を問わず、どの分析家たちにとっても必要不可欠な論文や書物を次つぎと発表していきました。

彼の最重要著作を挙げましょう。その小論の多くが『小児医学から精神分析へ』〔1958〕、『遊ぶことと現実』〔1971〕、『成熟過程と促進的環境』〔1965〕、『子どもと家族とまわりの世界』〔1965〕、『精神分析的探究』〔1989〕にまとめられています。しかし、どうしてウィニコットが偉大な創造者であるのでしょうか？

オリジナリティより前に、まずはスタイルにあると伝えたいのです。ウィニコットの文体は、日常的でシンプルな散文からなる独特なものですが、にもかかわらず、そこには驚くべき「無尽蔵な」公式を見出すことができるでしょう。ある意味、彼の著作は、詩歌のように何度も読み返すことができ、その著述を糧にする人もいますが、その全貌を把握したと印象を抱くことはけしてないでしょう。詩のように素朴な彼の筆致は、それゆえに油断できないほど豊かで複雑なものであり、同時に実り多いほどに飽和しています。読者は言葉に窮しているのに、ウィニコットは問題や解決策をまるですっかり自明であるかのように語るので、頭脳の明晰さと研究と経験に培われた静かなる自信が漂っています。

では、具体的な表現をいくつか引用して、読者にその散文を堪能していただきましょう。たとえば、子どもとは違い「青年期の遊びの特徴は、世の中の出来事が『おもちゃ』になるということ」〔Winnicott 1989, p.62／邦訳：p.81〕と書かれている一節は注目に値します。また、「頭(マインド)への逃避」や「精神-身体から切り離されてしまった頭や知的生活によって生きている偽りの自己」〔ivi, p.468／邦訳：p.230〕も同様です。

ほかに特筆すべきものとしては、マリオン・ミルナーの著書『描けないということについて』〔Milner 1950〕の書評があります。そこではメルツァーの美的葛藤の概念を先取りし、ミルナーにとって創造性が乳児の直面する「人間の一次的な属性」すなわち「想像されるものと知覚されるものとの不一致から生じる」〔p.391／邦訳：p.162〕と看破しています。どういう意味でしょうか?「他人が客観的に見た個人の外面と、その個人の内側にあるものとが同一であるはずがない。しかし、健康な場合には、出会うこと、重なり合うこと、錯覚の段階に至ること、夢中になること、自分が変容することがありうる、いや、なくてはならない」〔ivi.／邦訳：p.162〕。これはまさしく、ビオンが言うところの情動的共奏*unisono emotivo*ではないでしょうか？

人生で最初に抱く〈コンセプト〉は、母親の笑顔がもたらす幸せと、子どもが自分の本当の気持はどのようなものだろうと不安に満ちて問いかける疑問とが「重なり合う」領域と関係しています。キーツによるおそらくもっとも著名な一説──「『美は真理であり、／真理は美である』と──それがすべて／汝らが知り／また知っておかねばならぬことだ」〔Keats 1819, p.77／邦訳：p.316〕──にある、すばらしい洞察へ理論的な実体を与えています。そして、そこから美的体験の意味について、説得力のある解釈を導き出すのです。

……………………

芸術においては、この出会いは、なかんずく媒地において、すなわち内的な概念の形をとった外的世界の断片に見出される。絵画や、文章や、音楽等において、個人は平和なオアシスを見出し、健康な人間の一次的な属性から解放されて、一時の安らぎを得るのである。〔Winnicott 1989 p.391／邦訳：p.162〕

ハーモニーとそれが喚起する喜びという意味で、芸術作品は「幸福の約束」（スタンダールの美の定義による）なのです。というのも芸術作品は、ある経験とそれを促す外形とが同一視される機会を提供することによって（すなわち乳房との関係に準えることによって）、対象への愛に寄せる信頼を育むようにするためです。この可能性が潰え、母親がもつスフィンクスのような不可解さと二重性に屈してしまうと、とても深刻な結果が訪れることとなります。ウィニコットは次のように付け加えています。

母親の行動が、実際のところ備給された内的母親イマーゴに対応していないとき、子どもは「フラストレーションや不快感や怒りを体験する」ことはないのである。…そこで起こることは、子どもが対象と関係する能力を失いがちになる、ということである。怒る能力が保持されていれば、事態はあまりにひどいことにはならないのである。〔ivi, p.472／邦訳：p.237〕

同様にウィニコットは、フロイトが婚約者に送った書簡集に対する書評のなかで、「フロイトもまた人間臭いひとりの人間だということになるのだろうか?」と素直に問いかけ、私たちを驚かせています。最後に彼は「これらの手紙を証拠として、フロイトが人間的であったこと、そして彼が深い感情をもった人であったことを主張できるだろう」と結論づけています〔ivi, p.477／邦訳：p.240, pp.245-246〕。

ほかの箇所でも、従来の解釈に関する考えを覆すような驚くべきことが書かれています。すなわち、分析家が沈黙したままであれば（なにも話さなければ）、何が起こっているのかを理解していると意味されるのです。「解釈のひとつの目的は、分析家の理解の限界を確立することであることがいっそう明らかになるからである。解釈をせず、そして実際、まったく何の音も発さないことの根拠は、何が起こっているかを分析家が本当によく分かっているという理論的前提である」〔ivi, p.85／邦訳：p.108〕。

ウィニコットは、一見すると単純であるけれども、その形式においても内容においても驚くべきことを別の文書に残しています。そのなかで主張されているところによれば、「正常な発達においては、親指が自分MEであるか自分でないNOT-MEのかという側面に乳幼児が対処しなくても済む長い期間がある」〔ivi, pp.435-436／邦訳：p.187〕。

また別の文では、乳房に触れたことで「口の外側に試してみる価値のあるものが存在するようだというアイデアを得る」〔Winnicott 1964, p.46-47／邦訳：p.72〕と書かれています。この記述で興味を惹かれるのは、「アイデア」という言葉です。この用法は、正確な意味での着想、すなわち自分の思考を考えることができる人の着想ではないでしょう。どこか特別で初歩的な着想であり、身体の着想に違いありません。

メラニー・クラインについては、「存在していなかったとしたら、私たちは彼女を求めなくてはならなかっただろう」〔Winnicott 1989, p.467／邦訳：p.231〕と書いています。

同様に、もっとも原始的な不安のコンテイナーとしての音楽の意義に関して、次の一文は示唆に富んでいます。「この救いがない感じには、いつ終わるのかについての知識を全く持たずに何かを体験することの耐えられなさが含まれている。〔……〕基本的にはこの理由のために、音楽において形式が非常に重要になる。形式を通じて、終わりは始まりから見えているのである」〔Winnicott 1949, p.184／邦訳：p.216〕。

書くことで表現される創造的プロセスをめぐって、彼は次のように記しています。「作家が筆を手にして紙に向かうと、すぐにひらめいてくる豊かな自分のアイデアに驚かされるのとちょうど同じように、母親は自分の赤ん坊との時々刻々の豊かな触れ合いのなかで気づく事柄に絶えず驚かされる」〔Winnicott 1964, p.25／邦訳：p.30〕。

おわかりいただけたかと思いますが、小児科医ウィニコットにとって子ども（いや、子どもと母親との関係性）は、精神分析的考察で絶対的な中心であり、あらゆる治療で最優先されるモデルを構成するものなのです。

たとえば、彼によれば、健康な発達プロセスにおいて、子どもは愛されるだけでなく、「本物であるということも感じなければならないのである。そしてもし反抗が図式から除外され、子どもにはただ服従するか同一化するかしかないとするならば、そうなれば子どもは遅かれ早かれ本物と感じることの欠如を訴えるだろう」〔Winnicott 1989, p.472／邦訳：p.239〕。

このような言葉遣いは、私たちが精神分析に向ける愛を育みます。読み手は、簡潔かつ本質的な表現によって書き手の静かなる経験を感じ取り、読み手と書き手の経験が交わります。シンプルな定式化にもかかわらず、驚きの連続です。

また、ある言葉を取り巻く独特なオーラのために、それらはどこか謎めいています。たとえば、「反抗」と「現実」は、なにか新しいものを生み出す起源となりうるようなある種の渦であるという表現があります。「現実」であるという感覚の根拠を定義することは、必ずしも容易なことではありません。反抗することの価値については周知のことかもしれませんが（子どもが喧嘩を楽しんでいることや、ある種の癇癪の意義について考えてみましょう）、そのような言い回しは新しく独創的な「やり方」ということも事実です。このような表現が救いとなるのは、まだ変形していない原情動的要素の有用なコンテイナーとして機能するためです。

分析室で経験される親密さをめぐるウィニコットの考えによれば、そのセッティングの感覚的な包み込みは、母親の子宮を象徴しているにほかありません。

また、ほかの印象深い一節〔ivi, p.431／邦訳：p.213〕では、「もし母親があまりに長い時間不在であれば、移行対象はその象徴としての価値を失いはじめる」という事実が考察されています。彼が挙げた例のなかには「壁に頭を打ちつける」事例が含まれています。これは重篤な剝奪児によく認められる行動パターンです。

この症状が「劣化している」けれども移行対象を表象しているというのは、なかなか理解しがたいことでしょう。劣化しているとはいえ、移行対象であるということは、それでもなお母子の多重性を〃一元的〃に結びつけるようななにかを表象しているはずです。ひょっとするとそれが、壁に頭を打ちつける〃身体の痛み〃なのかもしれません。このような問題事例はマゾヒズム的な苦しみのモデルを表し、痛みのなかの絶望的な快の形式、すなわち打たれる空想や倒錯と等価しうるのです。フロイトの言葉を借りれば、主体がみ・ず・か・ら・の悲劇に立ち会う「最高の楽しみ」を経験するようなあらゆる状況を指しています〔Freud 1920〕。

このように、ウィニコット独特の声を響かせる一部の例から私たちが感じ取ることができるのは、彼が精神分析と人間の魂の理解に果たした計り知れない貢献なのです。しかし、本段落を終えるにあたって、彼のもっとも有名であり、もっとも賞賛を浴びた小論のひとつ「逆転移のなかの憎しみ」〔Winnicott 1949〕を詳細に検討したいと思います。

ひょっとすると、その成功のきっかけは、強烈なインパクトのあるタイトルを選んだことによる部分が大きいでしょう。本論文が刊行された一九四九年（すでに一九四七年に発表されていたが）当時、分析家は転移における愛や逆転移における（禁断の）愛という考えには馴染んでいましたが、自分たちが患者に対して抱く感情のなかに憎しみを含めることにはかなり消極的でした。ましてや、ウィニコットが言うように、分析家は患者を憎ま**ねばならない**とすればなおさらです。ウィニコットは、わずか一一ページで、逆転移、すなわち患者の転移に対して分析家が抱く感情に関わる理論に、革命を引き起こしたのです。特に重症患者の場合には、憎しみや恐怖の感情が分析家の反応の一部とならざるを得ないということです。このような患者は、早期の関係性でトラウマを引き起こすような状況にいたことが多いため、愛と憎しみを区別できなかったのです。これは明らかに治療関係のなかで反復されるものです。ウィニコットは「分析家が愛を示すなら、同時にその分析家は患者を殺すことになるだろう」〔Winnicott 1975, p.195／邦訳：p.230〕と表現しました。

分析家が分割した憎しみの感情を取り戻すことができれば、治療の終わりにそれを患者に解釈することができるようになるでしょう。可能であれば――いつもそうとは限りませんが――この瞬間が分析の要所となります。どうしてなのでしょうか？　それは、感覚が外的現実対象について提供するものと同じように、自身の内的風景について統合された洞察を得る可能性を患者に与えるためです。「彼が憎しまれることに達してから、初めて愛されることを信じられるということのように思われる」〔ivi, p.199／邦訳：p.235〕（まさに名文！）。ウィニコットは、「客観的」という形容詞と、その副詞形「客観的に」にこだわります。これは誤解されることを恐れている証拠だ、と考える向きもあるでしょう。これらの数ページを読むと、患者に対する自身の無意識的サディズムを**正当化された**憎しみと取り違えて行動化する根拠があると思う人も出てくるでしょう。これははっきりと逆転移の**陰性**型に該当するものです。グリーンソン〔Greenson 1967, p.213-

214）によれば、分析において「不作法が占める場所は存在しない。［……］よそよそしさ、権威主義、冷淡さ、慇懃無礼、そして頑なさというものは分析状況に相応しくない」。

本論文の主旨を要約しましょう。**正当化された**憎しみを知覚することで、患者を「殺す」ことを防ぐことが可能となる、というものです。しかし、それだけでは不十分なのか、ここでもうひと工夫が講じられます。ウィニコットは、分析家が治療中に精神病患者に向ける憎しみを吟味し、それをすべての患者に敷衍しました。それから、最初は特定の患者に対して、ついで家に引き取り一時的に（我慢の限界まで）世話をしようとした少年に対して、みずからが憎しみで満たされている事態を提示しました。最後に、似たような憎しみの感情を、新生児の母親、すなわちこのような表現とはもっともかけ離れているような状況、もっとも無縁であるような人物に帰したのです。

母親は、母親を憎むことできるようになるほどに子どものこころが形成されるより前に、我が子を憎んでいるのです。どうしてでしょうか？　なぜなら、絶対的依存の段階にあって子どもは母親に対して無慈悲であり、「無慈悲な愛」を感じ取っているためです。続いて、この憎しみを正当化する動機が見事なまでに列挙されている。**子どもに向ける母親の憎しみ**の段落を読めば、この嫌悪感は世界でもっとも自明のもののように感じされるでしょう。赤ん坊は、

…………

魔術的には生み出されない［……］赤ん坊は母親の身体に危機をもたらす［……］赤ん坊は没頭することに挑戦してくる［……］赤ん坊は無慈悲で、母親を屑、無給の使用人、奴隷のように扱う［……］赤ん

坊は母親を傷つけようとして、周期的に彼女を噛む〔……〕望むものを手に入れると、オレンジの皮のように母親を捨てる〔……〕赤ん坊は疑い深く、母親が差し出すおいしい食べ物を拒絶する。そして、母親が母親自身に疑いを持つように仕向ける〔……〕もし母親が最初に赤ん坊を失望させるなら、赤ん坊が永久に自分に報復するだろう、ということを彼女は知っている〔……〕赤ん坊は、母親を興奮させるが、満足させない。つまり、母親は赤ん坊を食べたり、赤ん坊と性的なかけひきをしてはならないのである。〔Winnicott 1975, pp.200-201／邦訳：p.238〕

目まぐるしいクレッシェンドです。しかし、それだけにとどまりません。ウィニコットによれば、このようなことを我慢している母親は、あなたによって傷つけられていると子どもにちゃんと伝えることができなければ、マゾヒズムに頼るほかなくなります。「私は、女性における普通のマゾヒズムについての理論を引き出しているのは、この点だと思う」〔ivi, p.202／邦訳：p.239〕と彼は付言しています。この最後の見事な手際によって、マゾヒズムを死の欲動と生物学から切り取って、歴史学と心理学に戻したのです。

子ども（患者）は、あまりにもセンチメンタルな環境では発達できません。愛するためには、憎むことを学ばなければなりません。愛に心を動かされていると感じるためには、憎しみにも感動しなければならないのです。そのために、子どもは自らの攻撃性を表現し、後で振り返った際に「あの頃は無慈悲だった」〔Winnicott 1975, p.265／邦訳：p.317〕と言えるようにならなくてはいけません。

しかし、これだけでは不十分です。この小論を締めくくる前に、ウィニコットは再び精神病患者について言及しています。そうすることで、いましがた描き終えたばかりの原始的存在段階における強烈な激情がもたらすゾッとするような影を映し出しています。話が一巡します。精神病は、子どもの無慈悲な愛と、自分自身の憎しみを持ち堪えることができる母親とが出会えなかったことに由来しています。同時に理論レベルでは、これらの文章から、母子関係が分析での出来事をもっとも忠実に示すモデルとして浮かび上がってくるのです。

最後に、ウィニコットが生み出したもっとも有名な概念の一部をごく簡単に触れておきましょう。というのも、これらはあらゆる分析家の道具箱に収められているためです。――〈ほどよい母親〉〈ホールディングとハンドリング〉〈移行対象と移行空間〉〈偽りの自己〉です。

〈ほどよい母親〉（ひいてはほどよい分析家）について言えば、この分野にあってほどよくあるということがすでに非常に優れた指標であるという考え方なのです。母親は自身の役割を理想化しようとせず、いわば完璧を求めず、みずからの部分的な失敗でさえも子どもを成長させることをちゃんとわかっています。世界を創造的に「少しずつ」提示し、発達に必要な欲求不満の程度を調節できなければなりません。ウィニコットにとって、母親はいつも何が正しいのかを本能的にわかっています。子どもが生まれると母親は、ある種の正常な病気、ウィニコットが言うところの「原初の母性的没頭」という特別な感受性を備えた状態に入ります。

〈ホールディングとハンドリング〉は、子どもを「支える」環境を提供する母親の能力と関係しています。これにより子どもは万能感を体験し、その安全な状況のなかであたかも魔法のようにどんなときでも自分の必要なものを創り出すことができ、きわめてゆっくりとした形でこの状況から抜け出して脱錯覚を受け入れることができるようになるのです。

〈移行対象〉とはライナスの毛布、つまり子どもが愛撫し、それが母親であるかのように嫉妬深く保護し、自分を落ち着かせるような魔力を宿すハンカチやスカーフなのです。したがって、移行対象は、乳児が母親の不在に適応し、象徴的な空間にアクセスするための強力な因子なのです。あるものが別のないものの代わりとなる象徴空間のなかで、子どもはこのようにして喪失に対処し、関連する喪の作業を遂行することができるのです。移行対象は、子どもにとっての最初のノット・ミーの所有物として記述されています。

〈移行空間〉とは、移行対象の使用に対応するものです。そこは、乳児が抱く最初の万能感と、現実によって課された限界を乳児が発見することとのあいだにある錯覚空間です。それは、乳児が一方から他方へ、すなわち主観的現実から客観的現実へと橋渡しする移行期を指します。心的発達において重要である遊びは、移行領域に属するものです。また、生涯を通じて、創造性、文化、芸術の領域にありつづけるものとして理解されています。

ウィニコットの観察によれば、早期段階でトラウマを被った人びとのなかには、存在しつづけるためにある種の仮面を拵えて、偽りの生活を送らなければならない人がいます。その仮面は、隠された核を保護すると同時に、それこそがもっとも本来的で本当の自己表現であるように感じられるものです。治療過程では、主体が〈偽りの自己〉を捨て、よりリアルで本当の自己となるように手助けを受ける必要があります。それに引き換え偽りの自己は、満ち足りた状態で、疎外された偽りの適応のなかで生きています。

ウィニコットはリアルで本当であると感じること、すなわち生命力と本来性を重視しましたが、その考え方は精神分析的な思索にとってもっとも貴重な遺産のひとつであり、多くの重要な貢献につながっています。たとえば、これらの概念は、トーマス・H・オグデンの考えに反響しています。オグデンは、精神分析を理論的に刷新し、そこに持続的な生命力をもたらした人物であり、現代の稀有な著者のひとりです。

ジャック・ラカン

フランスでもっとも重要かつ創造的な分析家であるジャック・ラカンを取り上げると、ユングに関しても同じようなことがいくらか当てはまります。両者ともに、人生のある時点で、メインストリームとは異なる理論を練り上げ、そのうえでみずからの学派を設立するに至りました。結果的に二人は、誰とも共有できないような考えを発したために、あるいは、公的組織が認める基準に反する治療実践をおこなったために、疎外されたわけではありません。それぞれがもたらした独自の洞察と推敲のためにも疎外されてきたのです。

ユングにしろラカンにしろ、ＩＰＡ（一九一〇年にフロイトが創設した国際精神分析協会を指し、その初代会長はなんとユング！）に加盟する精神分析インスティテュートの訓練プログラムでは教えられていないのだけれども、逆説的ながら、多かれ少なかれ両者（とりわけラカン）の潜在的な影響力は確かに存在しています。

両者の理論について簡単に説明するだけでも、あまりにも複雑であり、それだけで多くの紙幅を割かなければならなくなるのは必定です。それでもなお、ラカンが長年にわたり教えてきたなかで発展させた無意識の概念には、ごく簡単に触れておく価値があるのも確かでしょう。というのも、私たち自身が理論的・臨床的活動において支持している理論と多くの点で一致しており、現在の誤解めいたものを解くのに役立つかもしれないためです。

ラカンの物語は、精神分析における最後にして偉大なる「異端者」の物語です。一九〇一年にラカンは生まれ、一九八一年に亡くなるまでパリに住み、パリ精神分析協会で訓練を受けました。ＩＰＡの科学的・倫理的基準に従わない治療行為、すなわち固定時間ではなく可変時間でセッションをもつことを基本としていたため、一九五三年に除名されるまでＩＰＡ会員でした。その後、ラカンは自身の学派を立ち上げ、死の直前に解散するまで続けました。サント・アンヌ病院、高等師範学校、そして最後にはパリ大学法学部といった名高い機関において、長年にわたり（ＩＰＡ危機からラカンの死まで）教育を続けました。今日でもそのセミナールは活字で読むことができます。参加者のなかには、メルロ＝ポンティ、バルト、アルチュセール、フーコー、デリダなどが含まれていました。一九六六年に刊行された上下巻の『エクリ』を除けば、ラカンのセミナールはもっぱら口頭によるものです。

ラカンはビオンと同様、哲学からもっとも影響を受けた分析家でしょう。このため、一般には耐えがたく不可解であり謎めいた（ある人にとってはごまかしに満ちた）ラカンの言葉は、大半の精神分析サークル以上に、人文科学や批判理論、哲学の分野で深く理解されています。そして、このような界隈で彼の業績は、昔もいまも広く普及しているのです（ただし、ラカンに言及する学派は無数に存在しており、その思索に触発された精神分析インスティテュートが大きく分断されるなかで、創設者の思想に盲従するという逆説が表現されてもいるのです）。

特にラカンはスピノザから影響を受け、ロシア人の亡命者アレクサンドル・コジェーヴがパリで行った講義「ヘーゲル読解入門――『精神現象学』を読む」〔Kojève 1947〕を経由してヘーゲルに影響され、最終的にはハイデッガーからも影響を受けました。ヘーゲルの研究で中心となる考え方は、自-他の弁証法による主体の基礎づけにあります。ゆえに、それは主体の構造に関する根本的に社会的な理論なのです。

もうひとつ、ラカンに基礎的な影響を与えたのが、ド・ソシュールの言語学です。とりわけ、シニフィアンという概念、パロールと事物の非対称性という考え、差異の弁証法原理――ヘーゲル弁証法を言語体系（ラング）に持ち込んだもの――に基づくラングの内的構成などです。

これらによる多大な影響から出発し、ラカンは北米で優勢となっていた自我心理学に代表される野蛮化に対して、フロイトの教えの本来性への回帰を呼びかけました。彼は、特にそのいくらかの意味あいにおいて、私たちが非常に興味深く感じるような方途で無意識の概念を再定式化するようになりました。

人間を人間たらしめているものの本質はランガージュにあり、したがって無意識を原初的なエスのようなものと捉えても無意味であるというのが基本的前提となります。すなわち、「想像界」と「現実界」とともに人間の経験領域を構成する三側面のひとつである「象徴界」に乳児が参入する前から存在するような（それぞれフロイトの超自我・自我・エスの概念に多少なりとも重なります）筆舌しがたい野蛮な衝動が煮えたぎっている大釜のように、無意識のことを考えても意味がないのです。

ラカンとその使徒たちは、フロイトの『快原則の彼岸』〔Freud 1920〕で示された糸巻き遊びの記述に絶えず関心を寄せてきました。フロイトは、一歳半の孫エルンストがおもちゃをベッドの下に隠して遊んでいるのを観察しました。その後、この遊びは複雑さを増し、糸巻きを投げては、つながっている糸を手繰り寄せるようになります（最初は楽しげに『オーオーオー』と発声し、次に『アーアーアー』と声を出しました）。ラカンは糸巻き遊びのなかに原初の象徴化のプロセスが働いていると看取します。子どもは、象徴的に母親と同一視されているおもちゃを投げる際に声を発しています。その場面を静かに目撃していた母親でありフロイトの娘でもあるゾフィーによれば、この発声は見事に言語学的シニフィエをもつパロールを表しています。つまり長音の『オーオー』は、「フォルト」（ドイツ語で「向こうへ」）でしょう。明らかに（母親を奪い取る）トラウマ的な状況が絶え間なく繰り返される理由は、このようにして子どもが象徴化の快を味わうためです。すなわち、このようにして苦しい場面が統御され、受動性が能動性へ転換され、子どもはその不在にして対してある種の復讐を果たすことができます。

これが象徴化の原型であるならば、精神の発火がいかに強い「間主観的な」意味で理解されるかがわかります。対象が操作する映し返し *rispecchiamento* から、主体は発生します。他者から送り返される鏡像として、その者は他者と**なり**、他者と同一化し、したがってそのなかである程度まで自身が疎外されることを受け入れる場合にのみ、みずからを主体として構成することができるのです。鏡として機能するほかのものとして、確かに対象（子どもを世話する具体的な人間）がありますが、より正確に述べると、そこに顕現し、ランガージュに蓄積した象徴系（ラカンは大文字のAを使って「他者*Altro*」と表しました）があります。そして、無意識は、欲望、情動、恐怖の衝動によって、絶えず連鎖的に結合したり分裂したりする過程にある要素（シニフィアン）から成り立つ力場として構想されています。

　このような溶解と合成という不断のプロセスを支配する規則は、フロイトが夢作業で確認したものと同じです。すなわち置き換えと圧縮、言語学で表現すれば「換喩*metonimia*」「隠喩*metafora*」と同じなのです。このように構成と分解が繰り返され、当初とは異なる単位に組み替えられることによって、これらの要素は新しいシニフィアンを生み出していきます。明確にしようとするならば、他の意味ではなく、他の**シニフィアン**を生み出していると言うべきでしょう。なぜなら、意味の作用*effetti di senso*は常に狭義の意味と呼べるものを超越しており、したがって、私たちは無限に続く連鎖のなかで解読されるべき新しい要素（シニフィアン）に絶えず直面しているためです。

　タリッツォ［Tarizzo 2009, p.51］が書いているように「意味はシニフィアンではない。（文章の）意味は確かに（パロールの）シニフィエを含んでいるが、（パロールの）シニフィエにおいて完全に解決されはしない。意味はシニフィエ**以上の**なにかである［……］し、シニフィアンのシニフィエは［……］**他のシニフィアン**である」。さらに、ランガージュにおける不変の縦糸と横糸である隠喩と換喩は『意味の作用*effetti di senso*』である。［……］もはやシニフィアン同士の交互作用によって生み出される単純なシニフィアンの問題ではなく、シニフィエ*significato*の領域、すなわち主体が**知っている**（あるいは言っていると自覚されている）すべての領域**を越える**言語的ないし修辞的効果なのである」〔ivi, p.52〕。

ラカンが無意識はシニフィアンの連鎖でできていると述べたのは、このためです。というのも、無意識が、シニフィアンを排除するためでなく、意味が**不安定**で、絶えず生成され、シニフィアンの移り気な戯れによって決定されるためです。実際にデリダ〔Derrida 1967, p.32／邦訳：pp.59-60〕が指摘するように、「純粋な」シニフィアンがありうると仮定しても意味がないでしょう。要するに、無意識の「産出」を止めることができないように、「意味」の産出も止めることはできません。というのも、無意識はシニフィアンからシニフィアンへ無限に送り出されることで成り立っているためです。ここで問題なのは現れたり消えたりする意味です。

　さて、子どもがコントロールしようとする母親との関係における在と不在のゲームをランガージュに置き換えていると見なすことは容易でしょう。象徴すること、考えること、話すことはすべて糸巻きを投げたり手繰り寄せたりする方途——記憶の糸を固定化する試みなのでしょう。意味産出の象徴系としての無意識の終わりがない遊びは、どんな瞬間でも私たちが非表象の深淵に落ちないように助けてくれる船橋を構築する役目を果たしています。シーニュ、パロール、音節そのものが、エルンストが投げた糸巻きのように、常に対象に**呼びかける**シニフィエをもっています（「実際のところ、パロールは〔……〕**認識の要求** *domanda di riconoscimento* である」ivi）。対象が、ゾフィーのように、**オーオーオーオー**を**フォルト**として「解釈する」かたちで反応すれば、不在は耐えられるものとなるのです。ラカンが無意識は〈他者〉のディスコースであると言うのはこのためです。というのも、パロールが備える構成的に換喩-隠喩的な性質のおかげで、意味は常に話し手から逃れられるためです。

意識場（フィールド）に入り込むこれらの新しいシニフィアンを受け入れる個人の能力は非常に多様であり、主体化の過程で内在化された禁止のシステムに左右されます。

このなかでも、私たちは二つの必要不可欠な点を指摘したいと思います。すなわち、無意識についてのディスコースと無意識のディスコースであり、**人間**、すなわちランガージュを与えられた生物にとって意味をなすものであり、いわゆる神経学的無意識とは無関係なのです。もちろん、思考を可能とする脳構造が存在しますが、それらは異なる認識論的水準にあり、互いを短絡的につなげてはいけないのです。

次に、ランガージュは、その定義からして、**超個人的なもの**であるため、間主観的な関係性においてのみ身につけることができ、その関係性の前から存在させることはできないのです。最早期の子どもは、まだ自我を有しておらず、原概念しか形成することができず、実際の概念を形成できないとすれば、この領域の交流とそれが行われる記号論的様式もまた、分析において欠くべからざる要素であり、これまで以上に深い理論的研究の対象となるべきものということになるでしょう。

ウィルフレッド・R・ビオン

ウィルフレッド・ルプレヒト・ビオンは一八九七年にマトゥラー〔インド〕で生まれ、一九七九年にオックスフォードで亡くなりました。

クラインに分析を受ける前から、ビオンはすでに独自の「分析」歴を有していました。一九二一年にフロイトが「集団心理学と自我の分析」中に引用した『平和と戦争における群れの本能』の著者であるトロッターとの最初の出会いから、そしてリックマンとの出会いによって、多大な影響を受けていました。前者は人間の社会的性質に関する理論を彫琢した傑出した外科医でした。後者はビオンにとって最初の分析家でした（後年に彼が「ドクター懐古趣味」と揶揄した治療者との不幸でわずかな期間の心理療法を受けたあとのこと）。

ビオンとリックマンは一九四三年、『ランセット』誌に「治療における集団-内緊張――集団の課題とその研究」という歴史的論文を発表し、若い時分のラカン〔Lacan 1947〕は本論文について熱狂した調子の記録を残しています。

第一次世界大戦中の士官経験や、ロンドンで医学を学ぶ前に歴史学専攻のオックスフォード大学で受けた古典の教養も、ビオンの人生において非常に重要な意味があります。また、ウィニコットと同時代を生き、精神分析における関係論的転回も先どりしていました。

こうした影響が組み合わさって重なり、彼は新しい精神分析の輪郭を描きました。それは、とても独創的でありながら、少なくとも最初のアプローチとしては非常に難解なものでした。ビオンの研究の根底にあるのは、フッサール自身の言葉を借りれば、物自体、すなわち「心的事実の現象学」への回帰を求める考えです。その出発点（にして到達点）は、無意識の新概念です。

ビオンによる〃無意識〃の概念は、〈覚醒夢思考〉という概念と、「主体の誕生に関する根本的に社会的な視点」に立脚しています。ビオンによれば、私たちは夜だけでなく日中も夢を見るのです。彼が**アルファ機能**と呼ぶ一連の未知なる心的操作は、私たちが環境から受け取る生（なま）の感覚／情動刺激（すなわちベータ要素）を、主に視覚イメージ（アルファ要素）に絶え間なく変形しているのです。

これらのピクトグラムは十人十色のものですが、「記憶に貯蔵され、夢思考や日中の思考に利用される」という特徴があります。私たちが目覚めて意識的であり、経験から学ぶためには、一連の刺激がまず（知覚されるという意味で）意識化され、それから**アルファ機能**の作用によって**無意識化**される必要があります。

このプロセスが遂行されると、「意識の場（フィールド）」が他の内容に占められるようになり、ある機能が注意を受けることなくその役目を果たすようになります。**アルファ機能**に不具合が生じれば**ベータ**要素が堆積し、ある種の「心的消化不良」が起こります。この場合、嘔吐という解消手段は、種々の症状発生と等しいものとなるでしょう。

この無意識の見方に立てば、子どもは「原初的な意識」を携えて出生します。出生時には**すべてが意識**であり、内外の環境から刺激印象を受けますが、「自意識は存在しない」とされています。この時点では**限定された意識**〔Bion 1962, p.309／邦訳：p.121〕しかないのでしょう。ビオンによれば、この意識は「自己のすべての印象は同等の価値をもつ。すなわち、すべては意識的なものである。母親のもの想う能力は、意識することによって獲得される乳幼児の自己感覚という収穫物のための受容器官である」〔ivi., p.309／邦訳：p.121〕。

したがって、出生時、子どもには、「原初的な意識を補完する無意識」としての母親が存在しているのです！　乳児の不安を吸収して変形する能力として定義できる**もの想い**によって、母親は我が子に愛を示して落ち着かせることで、世話を受ける経験からみずからの経験を「アルファベット化」する能力を発達させる機会を与えているのです。

このモデルでは、メビウスの帯の両面が絶え間なくつながりつづけているのと同じように、意識と無意識が連続しています。確かに意識と無意識は、多くの**アルファ**要素、すなわち記憶に蓄積されたあらゆる感覚の断片からなる膜、「接触障壁」によって隔てられています。しかし、この障壁は半透膜であり、合成と溶解の連続するプロセスを経た、ダイナミックなものなのです。無意識的な側面を含まない意識的な心的事象など、存在しません。意識と無意識は「同じ心的現象を観察するための二つの頂点」に過ぎません。

アルファ要素からイデオグラムを作り出すにせよ、事物の概念をかたちづくるにせよ、同種のプロセスが関わっています。すなわち、「抽象化」することと「分類」することです。**考える**ことと同じように、**夢見る**ことは、物事の差異を忘れ、物事の関係パターンを保ち、それによって「意味づける」ことにつながる心の活動なのです。要するに、このように夢を定義することは、無意識の「構成的-詩的-美的**仮想性**」を再評価する方途なのです。

このように、夢の目的は睡眠の保護だけではありません。無意識へ至る王道でもありません。意識と無意識のあいだにある「既存の差異」から生じるものでもありません。むしろその目的は、夢それじたいを生み出すことにあります。フロイトにとっては〝無意識が夢を生み出す〟のですが、ビオンにとっては〝夢が無意識を生み出す〟のです。夢見ることは「パーソナリティの精神分析的機能」の中心的構成要素であり、二重登録に従って作動するものです。意識／で *in/conscio*、すなわち意識と無意識 *inconscio* で作動するものです。

オグデン〔Ogden 2008, p.367／邦訳：p.227〕は次のように書いています。

意識的「心」と無意識的「心」はビオンにとって別個の実体ではなく、単一の意識のさまざまな次元である。ビオン〔Bion 1962〕にとって、意識的心と無意識的心の見かけ上の分離は、私たちがそこから人間の体験について観察し、考える展望点の単なる人工物である。言い換えれば、意識と無意識はどちらも単一の実体の異なる頂点から見た側面である。

このような両眼視の能力を身につければ、情動的に意味のある〝複数の視点〟から現実を見ることができるようになります。おそらくこの能力こそが、「成熟」ないし「精神的健康」と呼ばれるようなものなのでしょう。

ビオンの考えによれば、自身の実存をめぐる「情動的真実を知りたい」という欲求は、フロイトの欲求充足への欲動の役目を果たします。ひとたび**アルファ**機能によって変形されて**考える**ことが可能となった〈原情動〉は、主体にとっての〝心の糧〟となり、認知的寄与と動機づけとなる衝迫を供給してくれます。これらは心理的な作業を無／意識 *in/conscio* 化するための能力を向上させ、その結果として進行中の情動体験を夢見ることができるのです。

意識的経験と無意識的経験のあいだで、浸透的で流動的な交流が生じ、連続的で交互的な「視覚調整」がおこなわれます。これらは、拮抗する連帯の絆、協力的な理解の秘訣、および内的現実と外的現実の刺激に直面した際の共通の運命に向けられた直観によって、結びつけられています。この視座から眺めると、無意識は「背後」でも「下」でもなく、むしろ意識の**内部**にあるということになります。また、単に閉ざされているもの（かつ／また隠されているもの）であるばかりではなく、**その一部でもある**のです〔Ogden 2008〕。

古典的精神分析理論において意味を統制する他の二分法〔Civitarese 2008, 2011〕と同じく、ビオンは一次過程／二次過程、快原則／現実原則の二項対立を対話させています。神経科学のデータによって、ビオンの考えは裏づけられています。たとえばウェステン〔Westen 1999〕は、一次過程と二次過程の区別は再考されなければならないと主張しています。

したがって、無意識とは、感覚的-前語彙的-記号論的水準（「到達不能の」――被抑圧的あるいは黙示的ではない――唯一の無意識）から、完全な意味での象徴水準に至るまでの勾配に沿って広がる、一連の感覚形成〝プロセス〟なのです。これらすべては出生時にはまだ存在しておらず、対象との原初的関係性から発展していくのです。

日常生活においても、この〈夢思考〉が常に機能し、現実に由来する混沌とした刺激の流れのなかから、可能な限り多くのパターンやイメージを抽出して物語に構成しようとしています。そのため、分析においては、（実質的には）あらゆる**もの想い**はこの〈無意識的思考〉――**アルファ機能**によって合成された**アルファ**要素の連なり――の第一段階に触れる機会を与えます。そして、あらゆる物語のことを〈覚醒夢思考〉の派生物として見なすこともできます。

さらに言えば、患者と分析家が意識レベルだけでなく無意識レベルでも絶えずコミュニケーションをとっているため、分析フィールドでは、両者が「共創造」した事象以外は存在しないでしょう。

この無意識のプロセスに関するモデルは、既存の理論に追加される新モデルではなく、メタ理論構築を意図したビオンに由来しています。すなわち彼は「共有されている概念がどのように機能するのか」を記述しようとしています。

このモデルにおいて、無意識的空想と投影同一化、夢作業と**アルファ**機能、覚醒夢思考と主体出生時の間主観的概念、それぞれの由来およびそれぞれが等価であることは明らかです。フロイトによる検閲の概念を、ビオンによるコンテイナー／コンテインド*の概念でもって再定式化することで、心的機能の広範なメカニズムの特殊例として考える向きもあるでしょう。

分析室における性愛性(セクシュアリティ)の言説は——他の物語ジャンルと同じく——セッション中の多かれ少なかれ「創造的な心の出会い」という新しい頂点から捉えることができ、「情動的共奏(ユニゾン)の大小の程度をリアルタイムに記録したもの」として考えることができます〔Ferro 1992〕。フロイトに端を発する欲動という考えは、H（憎）、L（愛）、K（知）の連結、原始心性、真実を求める欲動、**ベータ**要素などのビオンによる概念に生かされています。

しかしながら、クーン〔Kuhn 1962〕が言うところのパラダイム・シフトに直面している、と同じ

***コンテイナー／コンテインド**　赤ん坊は口（コンテイナー）に乳首をコンテインし、その乳首（コンテイナー）はミルクをコンテインしており、その間、赤ん坊は母親（コンテイナー）の腕のなかに抱えられている。

ようなかたちで正当に主張することもできます。

ビオンはフロイトの概念を否定しているわけではないのですが、フロイトにあまり言及しなかったり、ほとんど言及しなかったりします。漠然とした形ではありますがフロイトの考えを自明のものとして受け止めているものの、無言のまま取り除き去って、私たちがふと気づくと、まったく違う言葉で話しているのです。理論的に保持されていた概念は実際のところ、必要とされる新しい視点のために万華鏡のように砕け散っているのです。

それだけにとどまりません。これらの概念は、参照・識別・差異化といった微妙な相互作用によってみずからを規定しています。また、意図的に未飽和であるという特徴から、分析家は常に疑いを抱き、あらゆるかたちの学派が有する教条主義に対しても批判的態度をとることを、余儀なくされます。


つまり、ラカンにとってもビオンにとっても、無意識は出生時から存在するものではなく、母親から吸収しなければならないものなのです。

したがって、無意識は考えること‐夢見ること、すなわち経験をパーソナルに意味づける能力において、それじたいが表現されるパーソナリティの精神分析的機能として、かたちづくられているのです。これは、先天的な前概念という意味で自発的能力であると同時に、誰かがそれを乳児に伝える必要があるという意味で、後天的に獲得される能力でもあります。

さて、無意識とは、主体が明らかに支配することのできない、実質的には無限に存在する言語活動（ランガージュ）の総体として考えられないでしょうか？　まさに話すという行為そのものにおいて、無数の予測不能な意識的・無意識的な相互参照を通じて、常に意識的に言おうとしていた事柄とは大なり小なり違うことを言ってしまっている、と考えられないでしょうか?

フロイトが自身の名を知らしめた表現で述べているように、自我はみずからの家の主人ではないのです（すなわち、個人はみずからの行為と思考を完全にコントロールしていると思っていますが、実際には、馬が望むところに行く騎手のように、無意識に動かされているのです）。

だとすれば「みずからのうちに閉じ込められたもの」としての主体という素朴な考え方は、再び転覆を迎えることとなります。〔ここでの問題は〕主体内のヒエラルキーの逆転ではなく、主体と集団のあいだの逆転なのです。無意識は、ラングのなかに事実上堆積しているあらゆる無限の意味作用と付合しており、主体はそのうちのひとつの結節点に過ぎず、超越する声が反響する通過点なのです。

抑圧（意識が受け入れることのできないイメージやアイデアを、無意識に退ける心的機制）は、表象単体の運命とはあまり関係せず、より広い枠組や力動に含み込まれており、コンテイナー／コンテインドの関係という観点からさらに説明可能なものです。すなわち、所与の情動的要素が受け入れられて思考に変形されたり、ある程度の自己疎外を代償として廃棄されたりするような心的過程を説明している、ビオンによる単純明快かつ精巧なモデルによって、この事態は鮮やかに説明されています。

無意識のことを、抑圧された思考を隔離するための厳重強固な監獄としてではなく、むしろ「書き込みシステム」ないし「象徴化装置」として考えるのであれば、治療の観点から重要なのは、（少なくとも戦術的な動きとしては）もはや無意識を意識に変換することではなく、むしろ意識的に考える必要があるものを無意識化することであるというのは明らかです。『思索』のなかでビオン〔Bion 1992〕が、Unbewusst（無意識）をUnconscioused（無意識化された）と訳したのはこのような理由によるのでしょう。

さらに言えばランガージュは、私たちが認識されて住まうような共通の広場であると同時に、現実を読み解くための概念上のグリッドなのでしょう。であるとすれば、ランガージュの表現する規範的価値観からの逸脱が目立つようになると、それはすべて、心の苦しみの前兆となるでしょう。だからこそ、個人には〝真実を求める欲動〟があり、「真実が心の糧である」と言えそうです。そして心は、（社会的または合意的なものごとの捉え方の成果、として理解される）真実を奪われると、衰えていき、最後には病んでしまうのです。

第3章

夢と情動フィールド

精神分析において、夢は重要な役割を果たしています。夢は、フロイトの定義によれば「睡眠の守護者」として機能し、また夢の形成段階それじたいを逆から表現した一連の働き[☆01]を通じて無意識の諸相を知る、あるいは解読することを可能にしてくれます。

この初期のモデルにおいて、分析家の機能は、かつてエス（原始的な欲動性）があった場所に自我（および意識）をもたらすことができる解釈者であることです。つまり解釈によって、抑圧という覆い、特に雪化粧のように幼少期を覆うトラウマや否定的体験、不安、原始的防衛を取り去ることです。というのも、これらの要素は、たとえ抑圧されていても、幼児的空想や現実ないし想像上のトラウマなどの幼少期の歴史が再構成されて照らし出されるまで、みずからを表現しようとして症状をもたらすためです。

幼少期に端を発する性愛性（セクシュアリティ）は、多形倒錯として遍在しており、精神分析を象徴する構成要素のひとつです。フロイトによるモデルでは、精神発達は口唇期・肛門期・男根期・性器期から成る発達段階を通じて生じ、各段階に固有の不安や防衛が存在し、発達プロセスのなかで生じる〈固着 *fissazione*〉[☆02]が、さまざまな病理の起源をかたちづくる点となりえます。

この考え方は時代とともに大きく変化したものの、フロイトの精神分析理論のもっとも深く古い支柱としてありつづけ、多くを築き上げてきた基盤です。

☆01（訳註）　フロイトの夢理論によると、夢は、日中の記憶や感覚印象などを刺激としつつ、夢見手の潜在思考が「夢作業」の加工を受けて睡眠時に体験される現象である。夢作業は、当人の潜在思考が「圧縮」や「置き換え」「視覚化」などの加工により象徴化されることを指している。夢作業という一連の夢形成のプロセスを逆行するかたちで解き明かしていくのが「夢解釈」である。

この初期のモデルと比較して、最初に大きな転機となったのは、メラニー・クラインの登場です。彼女は〈妄想分裂ポジション〉と〈抑うつポジション〉を発見し、最早期の精神状態を非常に重要視して、欲動の真の心的等価物である最深の無意識的空想の解明に照準を定めました。このような新しい展望のなかで、分析家は患者の物語に底流するさまざまな不安やそこから生じる防衛の道筋をたどり、それらを解釈することができるようになりました。

夢（これは最早期段階でも確認されるものです）は、重要なポイントでありつづけました。クラインとクライン派第一世代が導入した新しい（あるいは別角度から捉え直した）概念は、英国精神分析協会の内部に大論争をもたらしましたが、そのおかげでクライン派の遺産が大きく引き裂かれることなくフロイトの理論体系に吸収されることが可能となりました。

長いあいだ精神分析理論では、エディプス・コンプレックスが重視されてきました。これは少年／少女が両親に対して抱く複雑な情動の集合であり、後続するあらゆる精神構造の核を成り立たせるものです。クライン派による考えでは、この一連の不安や苦悩や防衛は、非常に早期の段階に起源があると見なされます。

意味あいに濃淡があるものの、全体的ないし部分的に受け入れられたクライン派の理論は現在、すべての分析家が受け継ぐ基本的な遺産となっています。それらの考えとは、次のようなものです。つまり、「内的現実と外的現実は等しく重要である」こと、「投影同一化は、きわめて原始的な不安を他者の心に排出する空想である」こと、「転移解釈のみが真に変化をもたらす」こと、「死の本能や一次的破壊性や羨望が、重要な役割を果たす」こと、などです。

☆02　フロイトの精神―性的発達理論によると、発達のプロセスで、リビドー（性的エネルギー）が、過度の満足あるいは不満足などにより、特定の段階（例：口唇期、肛門期など）に留まることを指す。

クラインが活躍していたとき、精神分析はその土地の文化と融合しながら世界中に広がり、多くの人びとが共通認識をもち、多種多様な精神分析が生み出されました。

第二の革命は、セッションにおける分析家の精神機能を非常に重視した、ビオンによる理論でした。ビオンは「夢の力」をきわめて強調しました。彼は、コンテイナー、コンテインド、**アルファ機能**、**ベータ要素**、覚醒夢思考といった新しい言葉や概念を導入しました。また、クラインは「一方のポジションから他方へは容易に反転できない」という直線的な発達を想定しましたが、ビオンは、妄想分裂ポジションと抑うつポジションを揺れ動くという考えを強調しました。さらに、消極的能力 *capacità negativa* や**もの想い**もまた、ビオンとその後継者が考案した概念です。

〃分析フィールド〃

〃分析フィールド〃のモデルは、一方ではビオン派精神分析の発展形として捉えることができますが、他方では彼の理論を練り上げなおしている過程からして、独自の解釈と見なすこともできるでしょう。というのも、精神分析における新しいパラダイムを編成するほど、あらゆる精神分析思想を抜本的に展開させたためです。

このため〃フィールド理論〃は一部に不穏な雰囲気をもたらし、イタリアでも当初はまったく重宝されませんでした。そのはるかに遠いルーツは、ウィリアム・バランジェとマドレーヌ・バランジェ、ピション・リヴィエール、ホセ・ブレゲールらの南米にあります。同様に、フランチェスコ・コッラオ、とりわけミラノとパヴィーアといったイタリアにも重要なルーツをもっています。

後者による構成要素の特徴はとりわけ、患者がセッションで語る「人物*persona*」という概念を「登場人物*personaggio*」の概念に置き換えたこと、したがって、ある視点から**セッション全体を長い夢と見なす**ことにあります。

たとえば、あるセッションのなかで、患者が気性の荒い暴力的な兄のことや、自身の抑うつ的な態度について言及しているとしたら、分析的な物語の主人公を人物とするモデルでは、この事態は幼少期の一場面や抑圧された虐待の可能性を再構成し、それを意識化させて解消させることを意味します（治療＝「知ること」なのです）。かたや、物語の主人公が患者**の深い内的世界にいる**と理解されるアプローチの場合、暴力的な兄は患者の内的対象の暴力を指すこととなります。

他方、主人公が**分析場面の登場人物**であるという観点では、兄は、これまで分割されてきた暴力的で虐待的な側面を分析フィールド（すなわち、患者と分析家が出会うなかで生まれる、多重空間・多重時間的構造）に宿らせるための唯一の手段なのです。この観点では、解釈は中心的ではなくなり、異なる言葉遣いや語りのスタイルを用いることで、暴力的な登場人物（兄は、暴力や虐待を場面に持ち込むための「仮面」なのです）を変形させることができる、演出機能を開発する必要性が出てきます。

たとえば、ある患者が「ウサギとニワトリしかいない動物園にいる」夢を見たとしても、同じようなことが言えるでしょう。動物園には家畜しかおらず、獰猛な野生動物がいないという事態は、明らかに、部分的には分析作業が成功していることを示しています。同じ患者であっても、暴力的な兄がいる場合、その兄は分析室から（自身のパーソナリティの一部を切り離すように）分割されていると言えるでしょう。言い換えると、虫垂炎の患者は手術室に運ばれているのに、腹膜炎の患者が運ばれていないというようなものです。あまり激しくない（苦しんでいる）面は治療されましたが、もっと激しく悪性の側面は手術台までたどり着けなかったのです。

夢と夢世界

簡単にではありますが、これまで述べたように、精神分析の歴史において、あるいは精神分析全体において、〝夢〟はずっと中心的な位置を占めてきました。

夢は無意識へ至る王道として理解されており、ある種のモデルの場合、夢形成のために実行された操作を逆行させるような解釈-暗号解読が求められ、現在でも必要とされています。その解読によって、無意識という地下牢から偽装したかたちで脱出することが可能となり、その潜在的な意味を窺い知るパスポート *passaporto* を手にすることができます。

圧縮・置き換え・象徴化などの結果、隠された「夢の本当の意味」にアクセスするためには、表面上の顕在内容の観点から解読する必要があります。この作業は、患者自身の心の連想が構成する「合鍵 *passe-partout*」を介しておこなわれます。あるモデルによれば、これがなければ夢を解釈することはできず、夢の前後で患者が言うことも、分析家による逆転移や空想も、連想として扱われます。

クラインは、無意識的な身体空想に内在する「象徴化」を重視する様式を引き継いでいます。つまり、夢のなかでクラスメイトが手を挙げたなら、それはおそらく勃起を示しており、患者が燃え盛る暖炉の両脇にベンチが並ぶ夢を見たなら、それは母親の温かい抱擁への言及かもしれません。革服に身を包んだ警官をのぞき穴から見る夢を見た患者であれば、おそらく原光景、すなわち子宮の内側から胎児が目撃した両親の性交の場面を思い浮かべることでしょう。

ビオンとその後継者たちは、それまでのモデルを覆すような非常に独創的な考えをもたらしました。まず最初に夢は、「夜に見る夢」を指すだけでなく、**その源に**〈覚醒夢〉が存在します。つまり、私たちの心が十分に機能していれば、あらゆる内外の感覚をピクトグラム（すなわち――いわゆる**アルファ**機能を介して――当人が意識していない視覚イメージ）に変形し、それがその後の〈覚醒夢思考〉（考えるための積み木のようなもの）の基礎をかたちづくるのです。

この記憶のなかに蓄えられた積み木は、〈心の演出機能〉によって再び夢として組み立てられ、夜に見られる夢が生じます。このような夢には**アルファ**要素がもっとも豊かに含まれているため、もはや解釈する必要がありません。あるいは、解釈する必要があったとしても、詩を詠むのと同じように（絶対的に正しく排他的かつ決定的な意味に到達すると主張することなく）、ほとんど直観的に解釈することができるでしょう。

「秋の／木の／梢の／葉だ」――前線の兵士の儚さを表現するのに、これ以上のものはないでしょう。[☆03] これをどのように翻訳しても、しつこいくらいに還元的になってしまうのではないで

☆03　イタリアの詩人 Giuseppe Ungaretti〔1888-1970〕による作品「兵士たち」より。

しょうか？

さて、セッションでの夢は、一連のさまざまな活動や動きが夢に結びつくという意味でも、分析家と患者が夢を共有するという意味でも、ジム・グロトスタイン〔Grotstein 2007〕が導入した〈ドリーミング・アンサンブル *dreaming ensemble*〉という概念によって豊かになり、存命するもっとも創造的な分析家であるトーマス・H・オグデンへと連なります。

彼によれば、分析の目的は、患者が自分だけで見ることができずに悪夢〔症状〕になってしまった夢を、分析家が患者とともに見ることにあります。あるいは、患者がこれまでにまったく夢見ることができなかったとしたら、分析家の役割は、まずは患者が「夢を見ることができる」ようにすることにあります。患者が夢見るようになれば、いまや症状は解消されて、再び心は十分に機能するようになります。

セッションで見る夢は、他の要素も含んでいます。

①【もの想い】 それは、分析作業中に生き生きと浮かび上がるピクトグラムに接触し、ＧＰＳと同じように位置どりを把握しつづける分析家の能力を指します。

ここで重要な点として強調されるのは、私たちが意識しているものを表現可能とする隠喩〔たとえば「凪にある帆船」に言及することによって「行き詰まり」の状況を表すこと〕と、私たちが意識できていないものに接近可能とする**もの想い**〔たとえば「分析が停滞している」と仮定するために、「ボトル・シップ」を心の眼差しで見据えること〕とが区別される点です。

②【夢への変形】患者の話の冒頭に『こんな夢を見ました……』というフレーズをつけることで、患者のコミュニケーションの一つひとつを、あたかも「眠っている最中に見た夢の説明であるかのように」具象化をほどきながら理解するような方途を前提とする技法を指します。『妻が、熟れすぎた果物を売っている青果店について、文句ばかり言っている』と患者が話しているとしたら、分析家は患者の語りに「妻が青果店に文句を言っている夢を見た……」と前置きすることで、多くの思いもかけない意味に開かれていくこととなるでしょう。

③【遊びへの変形】は、患者とともに構成したテクストを「共有されたゲーム」として捉えることであり、〝夢〟と同等視できるものです。

たとえば『乱暴者の兄マルコが一切合切をウンチで汚してしまった』と患者が述べたとしましょう。最初のうち私たちは、内心ではこれまで場外にいた新しい登場人物のお出ましだと考えるでしょう。そして「ようこそ、マルコ。長いあいだ、あなたのことを待っていたよ！」と告げるだけで、解釈を控えることができます。

④【セッション全体の夢の変形】患者が質問することでセッションを始め、その後、押し黙り、最後に「四歳の娘リヴィアのせいで、遊ぶよりも休みたくなった」一場面を語ったとします。

私たちなら次のように考えるでしょう。患者が娘について言及しているのは、分析家が沈黙している結果であり、「患者の幼児的部分が耐えられない」という夢を示しているのではないでしょうか、と。

もちろん、このようにさまざまに存在する心の「夢機能の水準」の違いに応じて、それぞれのセッションを理解することもできます。

ある患者が「飼い猫のイリーナが、鉄格子がきつくて窓から出られない」夢を語ったとして、分析家が次のようにコメントしても失言とは言えないでしょう――『ましてや、ペレウスの息子アキレウスの怒りが、こんな厳重な窓から抜け出てしまうなんて!』と。

遊び、夢、夢への変形、遊びへの変形は、古典的な耳の傾け方とは別の聴き方を成立させ、進展という意味でのセッションにおける変形、すなわち「患者が〝考える能力〟の成長プロセスを促進する」ことを目的としています。

フィールドの進展

〝分析フィールド〟は、患者と分析家が有するあらゆる潜在的アイデンティティの場所ではありますが、必ずしも、すべての潜在的なアイデンティティが蘇生されたり統合されたりする必要はありません。患者の精神生活が発達するのに有用である限り、フィールド内で「分割」を維持しておくことが適切な場合もあるでしょう。

つまり、分析家は、患者のなかにさまざまなミスター/ミセス・ハイドが存在することにかなり早期から容易く気がつくかもしれませんが、それと同時に、種々のハイド氏の部分を舞台上へ招いてそれぞれのジキル博士と話し合わせるためには「適切なタイミングを待たなければならない」ことも承知しているでしょう。多くの物語や映画で、主人公がもうひとりの自分と出会ったときに起こるように、時期尚早の認知は不幸な結末をもたらすかもしれません。

ディドロが『運命論者ジャックとその主人』で触れたように、二人の語り部の「子ども」であり主軸となる物語が生き生きとした語りへ展開するためには、「眠らせて」おくべき物語が数多く存在しているのでしょう。

別のところでお伝えしたように、ビオンによるメタ心理学では、〝心の創造性〟にふたつの「場所」が想定されています。

第一の場所は、**アルファ機能**によって**ベータ要素**（あらゆる感覚の媒体）がピクトグラム（覚醒夢思考のサブユニット）へ変形するところです。また、第二の場所は、この心の変形機能による「語りの派生物」が無数のジャンルに従って表現され（言い換えると、ピクトグラムを語りへ組み込むように物語られ）、多少なりとも長い鎖につながれたように、フィールド内の覚醒夢思考から近づいたり離れたりするようなところです。

シムノンの手になる好著『アヴルノスの顧客たち』の主人公のヌシ[☆04]は、幼少期、下校すると数歳上の姉がいくらかの金銭やチョコレートバーなどと引き換えに大人の男と関係をもつ様子を、フェンスの隙間からよく見ていたと語っています。十九世紀初頭のウィーンの貧しい地域が、その背景でした。ヌシは娼婦となりましたが不感症のままでした。

☆04　ベルギー出身の小説家Georges Simenon〔1903-1989〕によるシリーズ小説「メグレ警部」など、複数の作品に登場する女性の名前である。娼婦の設定が多く、男を挑発するような妖艶な女性として描かれ、それでいて人間の観察力に優れた人物である。

私たちは、さまざまな精神分析モデルが機能していることを示す演習として、あえて「中立的な」物語や文学作品からエピソードを選んできました。

幼少期のトラウマ経験、幼児性欲(セクシュアリティ)、虐待、痛みの認知など、これまでの歴史を再構成するモデルが私たちに何をもたらすのかは、想像に難くありません。

その一方で、ヌシの内的世界を中心としたモデルは、むしろ「性愛化された *erotizzata* 破壊性」や「連結への攻撃」という考えをもたらすことでしょう。

〝フィールド・モデル〟の場合、フィールド内での出来事を観察すべく幼児の部分が立ち止まり、患者の大人の部分とカップルになったりするのが分析家である、と考えることができるでしょうか。患者の大人の部分は、分析家から温かさや優しさを受け取るものの、それが時期尚早であるために不感症のままである、ということが示されているのかもしれません。

しかし、このように分析的に耳を傾けることを超えて、別のやり方で理解されるフィールドを切り開くこともできるでしょう。つまり、「予測可能性を放棄して、フィールドは進展していく」と考えることが可能なのです。したがって、ある解読それじたいが避けがたい瞬間t(0)にある限り、「フィールドが読解可能である」などと仮定することはできません。この瞬間は生き生きとして、他の無限のフィールドが誕生する可能性に満ちており、カップルの多群性の運動によって選択されるのですが、その結果は「アプレ・クー *après-coup*」というかたちでしか[☆05]知る由がありません。

あまりにも長いあいだ私たちは、分析の原動力は解釈だと考えてきましたが、他方で「存在

☆05　終わってしまったあとからしか

することと介入することを揺れ動かないように自制する」ことや「時間」というものも、重要なのです。

私たちが冒頭でとりあげたエピソードは、実のところさまざまな物語につながる可能性を帯びたものです。

ここで、さまざまな展開を書き出すことから演習を始めるとよいでしょうか。

あるいは、同じトラックや同じプロットから、異なる監督が異なる映画を練り上げることもできるのではないでしょうか。

創造性は、発達を阻止することにあるのではなく、発達を「具象的に活性化させる」ことにあるのです。

シチリアの方言で「チャッコ *chiacco*」という言葉は、バルコニー同士のあいだに設置される鉄線にしっかり固定する紐の輪のようなものを指し、一般的には洗濯物を干すために多く使用されます。靴下やハンカチのような軽いものを干していると、風が吹いているのかどうかを知る目印になります。分析を受けている患者が、自分の祖父が風の強さを知るためにこのやり方を使っていたと述べたとしましょう。

祖父はチャッコに干されたものの動きを「予報」として役立て、「空気の変動」に由来するその日の風邪や咳の危険度を割り出していました。屋外なら突風、屋内なら隙間風が恐ろしいものでした。

これは幼少期のエピソードとして、患者の心気症的不安の源泉、あるいは内的世界で作動している警報メカニズムとして考えられるでしょう。あるいは〝フィールド〟の「ゼロ」の瞬間という観点から眺めると、「いま－ここで活性化しているかもしれない情動の流れに対する警告」として説明できるかもしれません。その場合、電位や温度や熱に差があると、情動電流が御しがたく活性化し、危険な状態に陥る可能性を秘めたフィールドの説明となるでしょう。

この意味では、情動は「病気をもたらす風」となるのです。

しかし、時間0t(0)から時間1t(1)…と進み、さらにn倍となった場合、どのようなフィールドが展開され、活発となった情動力線にどのような物語が意味を与えるのかを予測する術はありません。

フェンシングの場合、電気を帯びた武器やジャケットによって判定が支えられている現代式であったとしても、パリィ、デガジュマン、バットマン、フェント、ダブル・フェント、アレ、ワン・アゲンスト、ツー・アゲンストなどの基本的レパートリーは常に存在しています。けれども、目の肥えた人たちにとって、それらは構成要素なのであって、こうした要素が組み合わされることでそれぞれの出会いが唯一無二、なによりも完全に予測不可能な経験となるのです。

これらすべてが精神分析の発展に関連している可能性を秘めています。たとえ、精神分析が進展するためには、すでに知っている事柄をかき乱すしかないとしても、どんな変化も「避けるべき乱気流」として体験されることでしょう。

臨床作業における夢

これから、いくつかの臨床ヴィネット（臨床例の素描）を提示します。それによって、臨床実践において、夢の扱い方が変化した様子を示したいと思います。特に、私たちの言動が明らかに過去や現在の現実（あるいは患者の精神(サイケ)にのみ存在する現実）に関するモデルにしっかりと根ざしているように見える場合であっても、ほとんどすべてが「起きていながら見る夢」のように理解できる、ということを示したいと思います。

❖聖母マリアかそれともディスコ・ダンサーか☆06

マリーナは快活な患者でしたが、一定の領域において制止された部分があります（その背後には、情動失禁の欠片が見え隠れしていました）。

セッションの終わりに、私の脳裏にはロベール・ドアノーが撮った写真が浮かびました。この写真は、誰を雇うのかをその美しさによって決める立場にある興行師の前に、若い女性が一糸纏わぬ姿で立っているというものです。

翌日、マリーナは夢について詳しく話しました。

『とても裕福な友人の別荘にいます。危険人物の集団から逃れるためには、彼らに「象嵌の聖母マリ

☆06　イタリア語の底本では「キュビスト」であるが、英訳本では「ディスコ・ダンサー」となっている。ここではわかりやすさを優先し、後者として訳出した。

ア像」を渡さなければならないことを悟ります。そして、キューブの横で登ろうかどうか迷っている女の子の姿が目に入ります。』

…………

ここで、私は即座に介入しました――『ディスコ・ダンサーと引き換えに聖母マリアを渡すことを選ぶようですね』と。

なるほど、ディスコ・ダンサーは少なくとも小さな娼婦街でまだ見つけ出されていません。

❖競売

分析過程も終わりに差し掛かり、ある患者は次のような夢を見るようになりました。

彼女は米国で彼氏と幸せに過ごしています。そんな折、手当てを受けた精神科の女性患者と出会います。保健所ではその患者の面倒をこれ以上見ることができませんでした。そこで彼女は、その女性を世話することに決めました。ソファーや肘掛け椅子を競りに出すことにしました。彼女の好みには合わないものでしたが、他人の関心を引いたようです。そして彼女は、その女性患者の傷の手当てをするために戻りました。

…………………………

分析によってたどり着いた「新世界」では、患者は「自分が苦しんでいる部分を手当てできるようになった」と感じているようです。これまで分析は順調に進んでいました。「ソファーや肘掛け椅子」に寄せられる関心は他の患者のものであり、彼女自身は快く、みずからが占めていた場所を譲ることができそうです。

❖骨　折——叶わなかった夢

長期間の休み明けの最初のセッションの日、ある患者から分析家に電話がかかってきました——「山で骨折してしまったため、治療の再開はひと月ほど待つ必要がありそうだ」という内容でした。どうやら彼女は、ベッドから起き上がるのも困難なほど辛い状態のようでした。

分析家はこの顕在的なテクストに従わざるを得ませんが、まるで夢の話のように耳を傾けると、わかることもあるでしょう。すなわち、患者にとってこの夏季休暇は立ち直ることが難しい「骨折」のようなものであり、診察ベッドから出るのはとても苦しい手術だった、ということなのです。

❖細菌と汚染されたセッション

セッションの冒頭である患者は、飼い犬の前足が感染症にかかったことについて語りはじめました。獣医が言うには、前足にある複数の微小な傷に多くの細菌が付着していることが、原因であるようです。

このとき私は、ふたつの解釈の可能性に迫られました。すなわち、（私のあまりにも安易な多くの解釈的介入によって引き起こされた）セッティングの汚染として理解するか、あるいは微小な傷は「なんらかの過剰成分」のシグナルを指しており、無菌状態のセッティングに戻そうとする試みとして理解するか、のいずれかです。

私は第二の選択肢を選びました。セッションの終わり、患者は飼い犬の調子が戻ってきている、治療効果があったと述べて、（飼い犬の獣医でもない）私に対して一見すると不適切ながら、ありがとうと言いました。ただし、実際のところ、私は患者のコミュニケーションの無意識の側面に合わせて耳を傾けていました。

❖難しい夢——セッティングへの攻撃？　あるいはコミュニケーション？

これまでは、患者がセッティングを侵害・破壊することはすべて、治療に対する強固な抵抗によって動機づけられたセッティングへの「攻撃」、つまり羨望や、一次的破壊性、死の欲動などとして単純化されて考えられてきました。これらはすべて、異なる視点を採用する必要があるような、理解するための作業——必ずしも容易ではないのですが——を避けるためのものでした。

たとえばリサという患者は、分析過程が終盤に差し掛かる最後の夏休み前、分析家に対して自分宛ての小切手を渡してしまいました（!）。

セッティングへの攻撃というカテゴリーを求めるのは簡単ですが、より具体的な意味を見出そうとすると、事態はより複雑になります。（分析家に自分宛ての小切手を渡すという行為は）分析家をよくわからない状態にしておき、戻ってくることを保証し、とりわけリサが自分で分析家の機能を引き継ぎ、みずからの分析家になる準備が整っていることを表現することでもあったのです。

具体的な意味や情動を伝え合う分析は、誰もが同じレシピで食べることができる「軽食堂」

のような分析とは一線を画します。

この行為は「モノマネ」の夢として理解され、翌日の夜に私が見た夢へと続きます――私の夢は次のとおりです。

私はこれまで手にしないようにしてきたハイパワー*potente*の車を所有しています。ある友人と一緒に、おそらくトリポリ通にある祖父母の家まで行きました。この車（メルセデスか、おそらくマセラティか）に満悦し、グレン・ギャバード☆07に会って情報交換し、「潜在的転移*transfert potenziale*」について話してから、車に戻りました。いずれにしても、私には新しく活用できる「力*potenza*」があるのです。

夢を見た翌朝、リサは、自分の娘の転校について語ってくれました。「うまくいったのか、いかなかったのか？」と自問自答していました。それから彼女は『心理療法家として活躍している姉妹が、ある少女を治療している』と付言しました。その少女は多くの問題を抱えており、傷ついた動物を見かけると片っ端から看病するような子でした。その少女は治療のことを真剣に考えていました。

この物語では、愛情を必要として苦しんでいる少女が登場する事実もあるのですが、彼女のことをケアできる心理療法家も登場します。そしておそらくは、彼女の姉妹は、実際のところ、自分の苦しみを自分でコントロールできるようになった、患者自身なのでしょう。患者自身が教師に変わり、これからは新しく治療者となる自分自身に小切手を切るときが来たのです。

私のなかで、この状況と私が見た夢とがつながりました。ある種の鏡に映った姿を見て、私

☆07　米国で著名な精神分析医。

のなかにそれまで認識してこなかった「強さ」を認めました。その強さのおかげで私は、以前は議論の余地もないほどに真実だと思っていた考えに対して別の角度から近づいてみることができたのです。

❖ディセンダー

シモーナは、病院で肺移植を待つ少女を見かけた際、その子がとても怒っているように見えたことを語りました。医師は、その子が暴力を振るう可能性、殺人犯になる可能性さえあるのではないかと心配していました。

彼女に『ディセンダーで降りていくのは、どんな気分でしょうか』と私は尋ねました。ことによると、毎週木曜日（セッションの日）に肺が摘出され、別の肺が移植される月曜日（次のセッションがある）まで待たなければならない少女の存在に、奥底では気づくことができるかもしれません。

しかも肺を切除されるとなると、激怒に駆られて皆殺しにしたくてたまらなくなるのも無理からぬことでしょう?

この解釈の試みは、彼女の連想を印象に残るかたちで途絶えさせました。「両親を失い、二度と会うことができなくなるのではないか」という不安が生じました。父親が仕事で不在のなか、重篤な百日咳で真っ青になり、ひとりで小児病棟に入院させられたことが思い出されました。

このような一連の流れのなかで、私が**夢見た**物語が、患者が**夢見た**種々の語りへとどのように変化していくのかが、よくわかるでしょう。

日曜の晩、私は私生活上の出来事でひどく苛立っており、あまり眠ることができませんでした。

翌日、シルヴィアとシモーナ、それぞれとのセッションがありましたが、全体的にうまくいきました。

火曜日になっても、強い眠気が続いていました。そんななか、シルヴィアは次のような夢を語りました。

…………………………

自分の傍らで愛犬が眠っており、クーンクーンと鳴いていました。たくさんの買い物袋を抱えて会社に戻ると、近くにいた同僚から、あなたが面倒を見るはずだった老人が待合室で震えている、と聞かされました。私の役目ではない、と答えましたが、その男性は、あなたが面倒を見るべきだと言い張りました。

…………………………

男性が震えていたのは、寒さのためなのでしょうか、怒りのためなのでしょうか？　そのセッション中、シルヴィアは、母親がいつも深夜になってからでないと床につかないのだ、とも言い添えました。

シモーナのほうは、父親に関する夢をふたつ報告しました。

…………

一方では引退を控えた人物が登場し、他方では攻撃的かつ脅迫的であるけれども別の時には穏やかで心地よい人物が登場しました。

…………

どちらの患者も、私の眠気による精神機能の低下を察知したようです（そのうちのひとりは、脅迫的な教授に出会ったとまで付け加えているわけです）。

私が苦しんでおり、怒りで「震えて」いたという様子を見て、シルヴィアは「もう誰も自分の面倒を見てくれる人などいない」という恐怖を演出することで、反応しました。

シモーナは皮肉を用いることで、私が引退すべきであると仄めかし、前回のセッションで私が——部分的には無意識的に——気がついた心地よい／凶暴な情動の二重登録を捉えていました。

次のセッションの冒頭、シルヴィアは、「四人も子どもを作った兄弟がいるのだけれど、そんなにも世界を信頼できるのか、理解できない」「週三回しかセッションをもっていない訓練分析家がいる」ということを話し出しました。

私は彼女に伝えました——『どうして昨日のセッションは、セッションではなかったのでしょうか？』

それから私は部分的な「自己開示（セルフ・ディスクロージャー）」を活用し、実は自分がよく眠れておらず、本来の実力を発揮できていない、ということを伝えました。しばらく無言の時間が続きました。患者はゴミの分別について語り、自分にはそれがどれほど無駄に思えるかと述べました。彼女は、捨てるべきものはすべて、時間をかけて分別せずにまとめて捨ててしまうべきだ、と言い張ったのです。そして、分析家というのはカウチの上にニンジンを置いて『私は「その分野」の専門家だ』と言うものです、と揶揄しました。

それから、ハリネズミ、ウチワサボテンやトチノミなど、外側に棘や角があって内側は柔らかく傷みやすい、動物や果物の話題に移りました。そして、このような生き物が棘や角などをもたなければならない理由について、話し合いました。

❖夢見られていない夢を吐き戻すこと——機能

妄想（パラノイド）機能の段階では、患者は、自分の情動（あるいは原情動状態）を排出し、「食らいついてくるオオカミのようにひどい情動が、どこかにあるのではないか」と思い、周囲の至るところを徹底的に調べあげることがよくあります。

このようにしてしまうと、患者の世界は狭くなり、ものごとの大局を俯瞰することができなくなります。人の笑顔や美しい風景を見ても、「どこかに自分に襲いかかってくる獣がいるのではないか」と怯え、その手がかりを執拗に探しつづけることでしょう。手がかりを発見できれば、オオカミから身を守ることができるのです。

ドロミーティの魅惑的な風景を見渡しても、患者は、山頂の尖端に「オオカミの歯の尖端」——投影された情動——が自分を引き裂こうとしている様子を捉えます。

このような態度をとれば、発作的にあらゆる細部に気を配り、疑心暗鬼に陥るでしょう。妄想（パラノイド）の患者は、あらゆるささいなシグナル、木の葉がざわめく音にさえも縮み上がります。サバンナだろうがアマゾンの熱帯雨林だろうが、そこかしこに死の危険が潜んでおり、自分がまったくの無力であると感じているのです。

その猜疑心と、調査する態度は、殺し屋を見つけるための重要証拠を探し出す諜報員のような役割を担っています。

カウボーイ映画よろしく、丘陵地帯に映った風景が、よくよく目を凝らしてみると野蛮な北米先住民 *selvaggi-pellerossa* の「羽飾り」や、傷つけてくる鋭利な先端を伴った野生の情動 *emozioni-selvag-*

geへと転じ、気がつくと、隊商集団に囲まれているために、排出された情動が円のなかに（つまり輪のなかへ）戻ってこれなくなっているのです。

けれども、その出発点はいずれにしても、排出されてしまって隠れ潜んでいる情動状態のコンテイナーが不適切であるところです。嫉妬が現れればオセローが、羨望が現れればマクベス夫人が、親に向ける子どもの愛の幻滅が現れればリア王が、登場するのです。妄想患者（パラノイド）の場合、蒼古的な超自我の存在によって、オオカミや野牛の存在は顕在化されず、覆い隠されるでしょう。

基本的に、あらゆる防衛機制（これらが硬直化・肥大化すると「症状」と呼ばれます）は多かれ少なかれ、映画『フォーリング・ダウン』のなかでマイケル・ダグラス演じる主人公のように、爆発する――あるいは爆発するかもしれない――（原）情動をうまく避けようとする試みなのです。その他の心的布置のはたらきも手伝って、ある症状や別の症状が出現するのですが、私の考えでは、これらは硬直的で不可逆的なものではなく、（特に低年齢の患者の場合には）流動的で可逆的なものなのです。

排出された原始的な精神状態が弱い者いじめをする場合もあります。放逐された野牛の群れがいつも脅威となり、それに繰り返し屈服するような場合があるのです。

❖初回面接における未来の夢の仕掛け――ロットワイラー犬

クラウディアは、実存に関わる不快感、パニック発作、恥と困惑を引き起こす肥満の悪化のために、分析作業を求めている患者です。

彼女は「捨て犬の里親募集」を扱う団体に所属しています。また、厳格なヴィーガンでもあります。彼女の話では、父親も最初の夫も、非常に暴力的な人物であったようです。

私の脳裏に浮かぶのは、「ヴィーガン」と「人狼」に関わる二重の機能がはたらいている場面です。つまり、脂肪の襞に潜み、その貪欲な暴力性を「血の気のないヴィーガン」によって覆い隠している、獰猛な獣がいるのでしょう。彼女が口にするものにはすべて（特に炭水化物）、「人狼」をなだめるようなはたらきがあるようです。

クラウディアが結婚した森林警備隊員は善良な人物であり、肉を好み、（肉を好んで食べる人という意味で）「冷蔵庫に死骸を入れておく」ようです。

こうして、狼の扱い方やその肉食獣が貪欲であることを知る人物が登場しました。

彼女が初回面接でもってきた夢はとても重要なものでした。

庭にいましたが、そこで獰猛なロットワイラー犬に襲われました。助かろうとしましたが、肉が引き裂かれてしまいました。そこへ守ってくれる人たちがやって来ました。

…………

私が人狼だと思っていた（と直観していた）ものは、実のところ、人びとを引き裂くロットワイラー犬でした。その事態は、ヴィーガンという否認戦略と肥満という過剰栄養戦略によって確認されました。さらにコンサルテーションを重ねてゆくなかで、「ロットワイラー犬」がそれほどまでに獰猛である理由が、問題の中心に据えられるようになりました。見捨てられたのでしょうか？　基本的欲求が認められずに、満たされていなかったのでしょうか？　なるほど、理由なく激怒することはないのでしょう。やがてクラウディアは、「不適切養育を受けたマスティなされました。

フ犬のための施設」に着手します。この路線で面接はつづけられ、分析を受けるという選択が

❖マルティナ2号

八歳の少女マルティナは、数ヵ月前から、移り変わりが非常に激しい強度のチックに悩まされるようになったため、コンサルテーションに連れられて来ました。彼女は、雷雨や教会の鐘の音、そして家の呼び鈴の音に、耐えることができませんでした。また、軽度の身体症状や変動する身体症状などを多数、呈していました。遊びのなかで彼女は、動物どうしや機械どうしを戦わせる様子を思い描きました。

やがて、チックや軽度の心身症状というかたちで排出することでのみ、彼女は自身の内的な嵐をすっかり否認することができるという事態が浮き彫りになりました。

彼女には、葛藤的ないし暴力的な内容から完全に距離をとるか、あるいは困難な事態からすぐに離れることができる遊び（セッションにトレーナー姿でローラースケートを履いてくるのですが）に入り込む傾向がありました。彼女が自分自身から逃げようとしているのは明白ですが、避けがたいことに、「マルティナ2号」とでも呼ぶべき分割された分身が形成されはじめていました。マルティナ2号は、テレビで見た映画（『ジョーズ』『テンペスト』『パシフィック・ハイツ』）の作品に姿を現しはじめていました。

❖罪深い少女

子どもの事例で「分身」をもつ子に出会うことは、そう珍しいことではありません。これは「停止中の」アイデンティティを秘めた沈殿物として考えることができるでしょう。

マルツィアは、吃音に悩んでいるという理由でコンサルテーションに訪れました。完璧で非の打ち所がない少女として紹介されたのですが、彼女にはどこか「罪深い少女」のように感じさせるところがありました。

それから彼女は、「周囲には見えなくて自分にだけ見えて、いつも自分の後ろをついてくる、影の存在」について話してくれました。私の脳裏には、彼女が知らぬうちに具象化しはじめているピットブル犬が浮かんできました。

すると彼女は、「嚙みついてくるかもしれない」という理由で、犬がとても怖かったことを教えてくれました。

要するに、マルツィアはプードルとピットブルのあいだを揺れ動いているらしく、吃音は、彼女が情動を抑えたり放したりする断続的なやり方を喩えるメタファーだったのです。

この頃より彼女は悪魔を恐れるようになり、その恐怖を掃除＝浄化する儀式をとりおこなうことでなんとか対処するようになったのです。「罪深い少女」が姿を現したことには変わりがなく、ここにきて、彼女のことをさらに知ることができるようになりました。とりわけ、外的存在が内的存在となり、ある意味では、さらに精神的なものとされ*mentalizzate*、迫害的なものとはされにくくなりました。

ルドヴィカは十三歳の頃に、重い病気で母親を亡くし、十五歳になるまでは完璧な娘でした。しばらくのあいだ、周囲に「不思議な存在」を感じていたと言います。そこで彼女は、超常現象に惹かれるようになり、交霊会に参加していたおばやおじに連帯感を寄せるようになりました。

最初の恋人、二、三歳上のマッティーアと交際をはじめるまでは順風満帆でした。彼には黒い噂があり、攻撃的で暴力的な人でした。「亡霊」の集合が「マッティーア *Mattia*」（彼女の「狂気 *matta*」の部分でしょうか）のなかで具象化しているようでした。「マッティーア」は、抗うつ薬の役割を果たしており、代謝されていないものの場所、すなわち、まったく処理できていない悲哀の虚しさを占めているようでした。彼から「空高く三メートル飛べる」靴を贈られて、彼女はお姫様のように愛されていると感じました。

ルドヴィカは、最近観た映画のあらすじを、四分割するという彼女なりのやり方で教えてくれました。第一部では、サディズム的で性愛的な空想に興奮を覚える、抑うつ的な女性が登場します。第二部では、その女性が売春宿で身体を売る、というかたちで復帰します。第三部では、彼女は「家」（店）の規則を守ろうとしない暴力的な性格異常者と出会って、愛を感じることができるような力を得て、もはや落ち込むことがなくなり、抑うつ感も消失します。ところが、第四部――容赦のない場面――では、その性格異常者が、女性の身内を痛めつけて苦しみを与えることになります。

もうおわかりかと思いますが、これは患者が映画『昼顔』について再解釈したもので、さまざまな「抗うつ薬」に頼ることが時に深刻な副作用をもたらすというリスクについて問題提起したものです。

❖セキュリティー・チェック

ルチオはある夢について詳しく話してくれました。

気がつくと、友人のマッテオと一緒に、窓のない小さな空港にいました。X線検査を受ける手筈でしたが、それを避けて素通りしました。目的地にたどり着くと、ひとりの男性から『チケットはお持ちでしょうか』と尋ねられます。私たちは『持っていません』と答えました。すると彼は『ならば戻らないといけませんね』と言うのです。私たちはブツブツ言いながらも言われたとおりにしました。

気がつくと、ディスコにいました。そこで恋人を見かけたので『まだチケットを取っていないんだ』と伝えました。数名の友人たちが手伝いを申し出て、なんとかするから心配いらない、と請け負ってくれました。携帯電話を駆使して、インターネット上で私たちのチケットを買ってくれました。私たちは、またチェックポイントに戻りましたが、チケットを忘れていることに気づきました。

私たちが空港から出ると、ほとんど荒れ果てた無人の集落にいることに気がつきます。小さくて陰気な旅行代理店に向かいました。そこにはひとりの紳士がいました。曰く、さまざまな便の残席がわずかであり、すべて外国行きでした。私は呆気に取られて引き返そうとしましたが、マッテオは平然としていました。

この夢には複数のアプローチが可能です。たとえばこの夢は、家庭から「離陸する」ための粘り強く涙ぐましい神経症的な苦境を、面白半分に表現しています。あるいは、平然として頼りになる友人が、心配事はないけれども身動きがとれないような家庭の温かみから飛びたつこと（ないし抜け出すこと）ができると思っており、おそらく少しばかり「狂っている *matto*」とも捉えることができるでしょう。

想像に難くありませんが、ルチオは、X線検査を受けて、法律で認められていない禁止物を持ち込もうとしていることが発覚する恐れを抱いているのでしょう。

けれども、私たちの理解では、この夢は分析という〝情動フィールド〟における「場所」を力動的に表現しており、そこではある者が助っ人として、またある者は敵対者として、さまざまに登場人物を演じる機能が活性化している事態なのでしょう。このような機能は患者や分析家の性質ではなく、ある瞬間のその「関係性」にある種の**色**を添える、交換可能な役割があることを示しています。

この後者の耳の傾け方は、〝分析フィールド〟のモデルに対応しており、分析家が最初から分析室で展開される語りに心底没頭するうえで、大きな利点を有しています。その利点は明白でしょう。

一方では、この聴き方は、セッティングという非常に貴重な表象装置が他者の外的現実・内的現実と容易に混ざり合わないようにして、「関係性」をめぐる無意識的な**情動的真実**に到達することを可能にします。他方、より深く関わり、語られる物語の性質や終点にいくばくかの責任を感じることで、分析家が合理的な出来事だけではなく「情動的な出来事」の実態を理解する機会は増えるでしょう。

セッションのなかで私は患者に伝えました――『最近では、攻撃や葛藤をそこまで恐れることなく行ける場所はあまりないのでしょう』と。それから、（夢を語る際にルチオが自嘲気味の口調であったことに影響されてか、やや冗談っぽく）『そんな場所はほとんど残っていない……そうですねぇ、たぶん……ケベックとか……エンガディンくらいしかないかもしれません』と付け加えました。

驚いたことに、彼は『モンタナを旅するのが昔からの夢だ』と言うのです。というのも、彼が子どもの時分、父親からスクルージ・マクダックがモンタナ（！）で金塊を見つけて大金持ちになったことを描いた、美しい画集をもらったからでした。『最高ですね！ 旅立ち、自分でお金を稼ぎに行くという物語が大好きなんだ』と彼は付け加えました。

さて、私たちが歩みを進めるための仮説によれば、ルチオは、大切で幸せな幼少期の思い出の断片を取り戻し、分析家の抑制されていながらも遊び心に満ちた反応に刺激されたことによって、関係性をめぐる情動の性質を描写しています。「自分を差し出す」父親の存在のおかげで、子どもは「自分自身になる機会」という金塊を探す旅に出立することができるのです。

❖反転した夢と幻覚――カルロと排出

カルロは、しばらく前からパニック発作と幻覚・幻聴に悩まされている同性愛者の患者です。

私は彼の話に耳を傾けながら、次のような「記号」を書き留めました。それは、♂♂：♂♀：マイナス・アルファ－α機能です。これらのおかげで、私は患者から伝えられている精神機能を、それぞれに要約することができました。

a　**コンテインされる可能性（記号♀で表される）を伴うコンテインド／伴わないコンテインド**

b　**（潜在的に暴力的な内容の）過大コンテインドに対して、過小コンテイナーがひとつしか利用可能でない状況、つまりパニック発作が起こるきっかけとなる状況**

c　**幻覚の原因となる反転したアルファ機能（これがマイナス記号である理由）**

…………………………

未消化な情動内容を排出することは、さまざまな水準における、主要な機能のメカニズムであるようです。では、逆に、不適切なコンテイナー（♀）ないし、非常に閉塞的なコンテイナー（♀）が存在する場合、どちらが機能的なのでしょうか？

ベータ要素の凝集体は、幻覚、パニック発作、あるいはその両者の衝突のなかでしか排出されません。

しかし、これらすべてが示されていたにも関わらず、カルロは**夢見る心的機能**の領域を維持していました。こういった夢のひとつには、排水口やトイレから「大量の汚物が出てくる」という内容のものがあります。それは心的機能の反転を示しているようです（消化の代わりに排出している）。

❖夜に見る夢が示すところ——炎と煙

ある才能あふれる若い分析家が、同じように若くて優秀な建築家の事例に言及しました。その女性患者は、自分の内面が炎で燃え盛っている感覚を覚える「神経性過敏症 *irritazione di un gruppo di nervi*」に悩まされていました。

その同僚が思わず苦笑交じりに話してくれたところによると、その患者から相当の「煙」の臭いを感じ、そのため彼は「いまにも溶岩を噴出しそうな、噴火目前の火山」というイメージを活用して介入したそうです。その後、しばらくの沈黙が続いてから、その患者は『十六歳のころに見た悪夢がちょうど思い出されていました』と言って、次の内容を語りました。

彼女が自室で静かに過ごしていると、植物が生き生きと芽を出しはじめ、その速度は、彼女を窒息させて閉じ込めてしまいそうな勢いだった。

…………

この夢も明らかに、当の夢が語られる瞬間の「関係性」から派生した語りなのです。『これが、あなたの解釈によって私が刺激された結果なのです』ということですね。つまり、その建築家は、最初の語りに対する分析家のコメントという刺激によって喚起された情動を詩的なイメージに変形させたのです。

❖マスクと顔——エリザベッタ

エリザベッタは、博士論文を書き上げて哲学の博士号を習得しようとしていますが、この時点で、身動きがとれなくなってしまったようです。朝から活動的になるには大きな努力を要し、まるで抑うつ感に襲われ、その感覚に覆われてしまうかのようです。

そして彼女はセッションのなかで、自身が『フリをするのが得意』で、『防煙マスクを被っているような感じ』と言いました。また、博士号もピランデッロの「仮面（マスク）」をテーマにしていると付け加えました。ある日、彼女は、自分が実は「アナーキスト、狂信者、テロリスト」であると漏らしてしまいました。それから「矢で数匹の動物を殺し、藁葺き屋根の家に火矢を放つ」夢を語りました。さらに、彼女が執筆困難に陥っている論文は「清新体」[☆08]に関するもので、ふたつの詩のうち、一方がダンテによるもので、他方がペトラルカによるものをとりあげている、と教えてくれました。

私の直観が告げました。「清新体」が何かを隠している *maschera*、つまり、チェッコ・アンジョリエーリ[☆09]と渾名されるテロリスト、アナーキスト、狂信者を仮面で覆っている、と。このことについて話題にしたおかげで、それまで彼女がいつもそうであった（あるいは、いつもそのように装っていた）善良な少女の仮面の扉が、大きく剥がれ落ちることになりました。

その後、エリザベッタが言うには、夫がかわいい歌を聴かせると子どもは電源が切れて、まるで魔法にかけられたかのようになるそうです。あるとき、彼女は次のように尋ねました――『もう一度、質問してもよろしいでしょうか？』と。私は唖然としました。まったく眠っていたわけでもないのに、どうして、その質問が聞こえていなかったのでしょうか？

その翌日、患者は、現象学からアルベルタッツィまで、文化的危機から南部の問題まで、さまざまな話題に及んで語りました。そして彼女は「かわいい歌」について話し、重要なのは内

☆08　Dolce Stil Novoは、13世紀のイタリアで起こった文学運動。シチリアやトスカーナの詩から影響を受けており、もっぱら「愛」や精神性の気高さなどを主題としていた。

☆09　Cecco Angiolieri〔1260-1310/1313〕は、裕福な家庭に生まれたイタリア・トスカーナの詩人。詳細な生い立ちは不明であるが、いくらかの違法行為を犯していた。

容ではなく、リズムやメロディや半韻なのだと強調しました。

そのときになってようやく、〝分析フィールド〟で強調されているものが何かに、私は気づきました。つまり、私は「かわいい歌」の魔法にかけられ、周囲から切り離されていたのでした。

私は、自分が初めてオフィスを訪れた際に抱いていた空想を思い出しました。エリザベッタについて考えてみると、「敵機が到着する前から、戦艦の機銃掃射砲を空に向かって発射している」様子が思い出されました。それから私が自身の所感を伝えてみると、彼女は強い確信をもって『本当に、とても怖いです』と答えました。言葉の壁、中和、かわいい歌、砲火など、これらがもっとも効果的な保護‐防衛手段として彼女を守っていることが、徐々に明らかとなってきました。

したがって、しばらく待つ時間が、つまり無意識のコミュニケーションが立ち現れてかたちづくられる時間が必要となり、絶え間なく続く「アプレ・クー」のゲーム、すなわち新しい無意識を形成する時間が必要なのです。

このかわいい歌は、何度も「歌われ」る必要があり、効果をもたらさなければなりませんでした。そして、無意識とその出現をもたらす消極的能力のおかげで、みずからの居場所を見つけることができました。

登場人物の「キャスティング」について考えなければならない、という別の批判もあるでしょうが、その必要性は必ずしも理解されているわけではありません。このかわいい歌は、フィールドが担っていた機能をまず無意識化し、そして意識化するべく必要に応じて呼び出される〝フィールド内の登場人物〟を指します。

〈エナクトメント〉とは、概念上の違いがはっきりしています。エナクトメントは、二重の関係のなかで生じ、常に過去‐現在‐過去という循環的な経路を示しています。

❖ジローラモ

ジローラモは「規則遵守」を拒否するために、私のコンサルテーションを受けに連れてこられた少年です。

私は、曽祖母、祖母、継父、母親、多数のおばたち、兄弟、実父、その他の世界の各地にいる義理のおじや兄弟を結び目とする、網目のような拡大家族の話を聞きました。

当初、私は、人の多さ、多民族性、そして対立の話に方向感覚を見失いました。実際、「大きな家から追い出し合っている」と言われているようです。私は内心で「この家族はまるでサーカスのようだ」と思いました。

この時点でようやく私は、これらの登場人物のことを、徹底的に大混乱に見舞われているため「規則遵守」を必要としている、サーカスの動物たちとして理解することができたのです。そのサーカスは、たくさんの動物を抱え込むにはあまりにも小さすぎたのです。

のちにジローラモが教えてくれたところによると、自分の好きな遊び道具である木製のアルファベット文字を入れるには、バッグが小さすぎるようです。この時点で初めて、私は第二の語りの脱構築・解体をおこない、これまでに話されてきた内容を、ジローラモの内的世界あるいは〝フィールド〟の表現として捉えることができるようになりました。つまり、私たちがサーカスに命を吹き込み、その場で各人それぞれ――嫉妬深いおば、立腹している名づけ親、失望した祖母、ライバルのいとこなど――が「登場人物＝情動」として空間を占めるようになったのです。

したがって、大家族の物語と思えたものは、嫉妬や怒りや失望や競争心など、あまりにも多くの、あまりにも激しい情動といった、心が具体化したもの――別の視座から眺めると**フィールドが具体化したもの**――でした。その語りは彼／私たちの情動的なフィールド＝動物園の語りとなっていきました。

ところで、私はどのような道具を用いたのでしょうか？　使用されたのは、「語りの脱構築」「語りの解体」「再び夢見ること」「語りの脚本化」そして「登場人物の**キャスティング**」です。

次章では、夢の範疇に属する重要な道具も紹介しましょう。

第4章

治療のさまざまな道具

最初期の精神分析の治療論は、神経症症状の性質に関してフロイトが打ち立てた因果論的な仮説に端を発しています。

これまでの章では、フロイトが最初に踏み出した足跡を解説し、彼が初期に構想したヒステリー神経症理論に触れてきました。本章では、その理論の要素を一部とりあげて、精神分析がどれほど治療論を重視しているのか、について強調することにしましょう。

催眠術からカウチへ

これまでに述べてきたように、フロイトの見解では、ヒステリー者は記憶に苦しむのです。これはどういうことでしょうか?

ヒステリー者の場合、トラウマとなるような状況に遭遇すると、関連した記憶を意識から消し去り、無意識の牢獄に幽閉するほかないのです。そうなると、「異物」のように病原性の記憶が、当人の人生に影響をとめどなく与えつづけていきます。「幽霊」のように、ヒステリー者は、血の代償を払うことをやめません。ゾンビのように、死ぬことができないのです。

外科手術をモデルとして述べるならば、治療とは「病原性の記憶の摘出・除去（除反応）」ということになります。なんの〝痛み〟もなく摘出はできませんし、簡単な作業でもありません。というのも、患者は思い出したくないので、抑圧された記憶の浮上に対抗するためです。

初期のフロイトの技法は、催眠を基盤にかたちづくられたものでした。しかし、この技法に備わる種々の限界に直面した結果、フロイトはいわゆる〈標準治療〉を考案します。

つまり、一種の修正版の催眠技法を発明したのです。もはや「私の目をじっと見て」ではなく、「カウチに横たわって、こころに浮かんでくるあらゆる事柄を、慎むことなく、まとまりをつけることなく、すべて私に話してください」となりました。

このように、「語らい」が必然的に自由連想的なものとなるのです。論理の連結が緩み、夢の言語構文に近づいていきます。

前述のごとく、夢は無意識**へ至る王道**とされています。したがって、フロイトにとって治療とは、患者の無意識へ至る旅なのです。映画『ザ・セル』のように、分析家は精神（サイケ）の奥底にまで潜り込み、そこに住まう奇妙な住人たちを探し回り、最終的には片づけるのです。

❖でもどのように？

基本的に分析家は、「自分自身の歴史と真実を知りたい」と欲する患者と同盟を結ぶのですが、同時に、真実を恐れて知りたくないと〝抵抗〟する患者に立ち向かいもするのです。ここで、学校教育で親しんだウェルギリウスの姿を思い浮かべると、次なる一歩に踏み出す手助けとなるでしょう。つまり、無意識に本当の地獄を見出すということです。

それにしても、患者が思い出したくない記憶は、どのようなもので構成されているのでしょうか? フロイトの考えでは、それらの記憶は父親から受けた性的誘惑に関係しています。どの地域でも世界中に存在する唯一の法「近親姦の禁止」が破られた、というわけです。

ヒステリー症状において、性行為は象徴的なかたちで再提示されています。その症状は、専門用語で〈妥協形成＊〉と呼ばれる奇妙な混合物なのです。

症状にはふたつの相反する力が同時に表現されています。すなわち、無意識（馬）のはたらきを支配する快原則と、それに代わって自我（騎手）を導く現実原則に由来する、それぞれの力です。その症状のなかで、馬と騎手は各々が役割を果たしています。どちらかが圧勝することはありません。

この発想に沿って、臨床家は探偵のように活動します。犯行現場を再現するうえで有益となる些細な痕跡を探し出し、犯人の正体を明らかにするのです。こうすることで事件は解決へと至るわけです。精神分析ではこのようなアプローチを、その基礎となるパラダイムと同様に〈徴候解読〉型と呼んでいます。

抑圧された記憶が明るみに出された際、何が起こるのでしょうか?

この問いに答えるためには、まず〈抑圧〉が何であるかを把握しておかなければなりません。

＊**妥協形成**　禁じられた無意識的欲望の表現とその充足、および防衛の必要性という双方の要素を同時に表す――同質のものとして、夢の要素や無意識の産物など。【用語解説：p.196】

抑圧という言葉によって意味される無意識の心的機制は、たとえば、近づいて来られすぎて今にも刺しそうなハチのような、煩わしい刺激を無理やり払い除けるような所作と、ほとんど同義とされています。無意識的なものである点で同じ機能であるけれども、意識的な機制である〈抑制 *repressione*〉とは一線を画します。

否定的な刺激を心理的に取り除くということは、自我が「作者として引き受けられない場面」のイメージを消し去って無意識へ追いやる、ということです。この操作によって、イメージと**それに付随する感情**が切り離されることとなります。これらの感情は、反対物へ変わったり、拘束されていない不安となって漂ったり、ほかの物事、すなわち中性的な表象と結びついたりするでしょう。このとき、表象は意識による統制から完全に離されていることになります。

精神(サイケ)の再編を図る装置の配置は有益ですが、あまりにも多くを捨て去ってしまうと、明らかに自我という家から有益なものを奪ってしまうことになります。この防衛機制が作動すると、ちょうど獄中から命令を下しつづけるマフィアのように、「抑圧された表象が自身の声を発して、意識作用の流れを見出す」というかたちで、当人や無意識は枯渇してしまうでしょう。

そうであるからこそ、〝安心できる情況〟のなかで、抑圧されて病原となった表象に**それと対応する感情を再結合する**機会が主体に与えられると、再統合へ導くような解放で、効果がもたらされることでしょう。

この意味で、個人は、みずからの**生の間隙を埋める**というかたちで、欠かせない一貫性を取り戻していくことが可能となるのです。そしてなによりも、自分自身やみずからの経験を振り返るための忍耐強く効果的な方途を身につけることもできるのです。

何度も思い出すこと

ところが、フロイトはすぐさま、いくつかの壁にぶち当たることになります。しかし今回も不屈の精神を示し、その挑戦には拍車がかかりました。

ヒステリー患者が父親から虐待を受けていたと世間に公表したあと、今度はそれを撤回するはめになったのです。彼が落胆していたのは、有名な書簡のなかで見出されるでしょう。たとえば、そのうちの一通には、「もはや患者を信じられなくなった」という苦しみが吐露されています。トラウマに関する記憶の信憑性が危機に瀕していたのです。

そこでフロイトは、物質的・歴史的真実から〝心的現実〟へ焦点を移しました。ある種の「偽りの記憶」が本当の記憶として言い立てられるには、なんらかの理由が存在するに違いない、と考えたのです。それは、近親姦や親殺しといったある種の無意識的で遍在する空想に潜む力によるものだったのです。ソフォクレスの『オイディプス王』、シェイクスピアの『ハムレット』、ドストエフスキーの『カラマーゾフの兄弟』といった偉大な文学作品に描かれているような類のものでした。

〝心的現実〟が存在しているということは、私たちが「感覚」の世界と「心的生活」の世界、双方の世界の住人であるということです。そして、日常生活で支障なく活動したければ、どちらの世界にもそれなりの対価を支払わなければならないということです。

空想が全人類、あらゆる個々人のものであるとすれば、ある特定の状況（多くの場合、幼年期の親子関係に関わる）において、そのような空想は、なにかによって過剰に「活性化」されたり、病的なものにされたりしているとも考えられます。

最重要人物である親側の距離が過度に近すぎたり遠すぎたりした結果、感情関係において「距離を調整する」という類似の機能を取り入れ損なってしまうのでしょう。近すぎるとすればそれは「近親姦」の対象となり、遠すぎるとそれは無責任な対象となるので、そのどちらかなのでしょう。

患者の伝記を再構成してありのままの歴史に沿って進むという精神分析伝統の方向性は、この地点で崩れはじめます。

というのも、発症の中核が、まさに外的世界と内的世界が織りなすなかでかたちづくられたに相違ないためです。歴史は相対化され、その役割は縮小しています。治療においても、歴史的な探索は、被分析者あるいは分析家とのカップルの無意識的な生活の共同探索に道を譲ることとなります。

症例〈ドラ〉が〈徴候解読〉型の極北であるとすれば、この手法の重大な節目を目撃するべく、症例〈狼男〉に目を向けなければなりません。当初、フロイトは綿密な「歴史」調査に乗り出していましたが、結果的には放棄し、代わりに「空想」を支持して、非常に有名な〈狼男〉

が見た夢の現実的な根拠に関しては、赤裸々に証拠不十分 *non liquet* との判決を下しました。これは精神分析史上、もっとも有名な夢の描写です。

私は夢を見ました。それは夜で、ベッドに横になっていました（ベッドは足が窓の方を向いていました。そしてその窓の前には胡桃の老木がありました。私の知る限り、その夢を見たのは冬で、夜でした）。突然、その窓がひとりでに開きました。すると恐ろしいことに、窓の前の大きな胡桃の木のうえに何頭かの白い狼が座っているのが見えました。六頭か七頭かの狼がいました。狼たちは真っ白で、むしろ狐か牧羊犬のように見えました。というのも、その狼たちには狐のような大きな尻尾があって、犬がなにかに注意を向けるときにように耳をぴんと立てていたからです。まちがいなく狼たちに食べられてしまうという大きな恐怖で、私は叫び声をあげ、目を覚ましました。子守女がベッドに急いでやってきて、私に何が起こったのか調べました。それがただの夢だったと納得するまでには、ずいぶんと時間がかかりました。それくらい、窓が開いていて木のうえに狼たちが座っている光景は、私にとって鮮明で真に迫ったものだったのです。やっとのことで私は落ち着き、ひどい危険から逃れられたように感じ、再び眠りにつきました。

夢のなかでただひとつ動きがあったのは、窓が開いたことです。というのは、狼たちはとても静かに、なんの動きもなく、幹の左右の木に座って私を見ていたのです。それはまるで、すべての注意を私に釘付けにしているかのようでした。これが、私の最初の不安夢だったと思います。〔Freud 1914c, p.29／邦訳：pp.126-127〕

夢を見たときは四歳だった子どもが一歳半の時分に目撃したであろうトラウマ的意味を帯びた現実の出来事を、必死にフロイトは再構成しようとしました。しかし結局は諦めて、最終的に「重要なのは空想である」と譲歩しました。

この著作では記憶の仕組に関して斬新な考えが打ち出されており、数十年後に神経科学のデータによって確証されることとなります。不変の記憶などというものは存在せず、記憶痕跡は常に作用を受けて更新されていくのです。

言語体系と同じようなものですね。どのような言葉であっても、ほかのすべての言葉との同一性・差異性との相互作用によって、その体系のなかで意味を帯びるようになり、その体系に新しい言葉が追加されるたびに、他のすべての言葉も実質的には変更されうるのです。

フロイトは、記憶の整理的機能に拡張できるようなこの考え方を用いて、〈トラウマの二段階説〉を明確化しました。何気ない光景でも、思春期に訪れる性的成熟の結果として、初めて病原性を帯びるようになるのです。

このように、精神分析は最初から「記憶の科学」でありつづけていたのです。

しかしながら、分析家が記憶などももはや信じることができず、また、**到達しえない記憶が残っている**とすれば、どうやって分析家は患者を治療できるのでしょうか?

この問題を解決すべくフロイトは腐心して〈転移〉の理論を築き上げました。この用語は、精神分析におけるその他多くの表現と同じように、日常語として使われるようになっています。これによって、「記憶の信憑性が怪しい」という問題を回避することができるのです。

症例〈ドラ〉のなかでフロイトは「口を閉ざす者は指先で語る」と記しています。患者は、重要な関係性のなかで、以前より身につけていた学習パターンを表現するだけでなく、想起しているのです。「反復することは、実のところ、想起することでもある」のです。☆01よって、患者は、自身の幸福のために依存する重要人物に分析家がなった分だけ、親と結びついた経験を分析家に「転移する」ことになります。分析家は、ある**プロセスを活発にする試薬**として機能し、そのプロセスを仔細に検討する機会を得ることができます。この点で、分析家はもはや、心的生活における無意識のメカニズムに関して抽象的に理解した結果ではなく、分析セッティングという特別な実験室（セッションを規則正しいものとする時間、場所、金銭をめぐる一連の規則）でおこなわれた実験の結果に由来する知識をもっており、そのことに関して患者に伝えることができるのです。

〈転移神経症〉の概念では、あらゆるモデルにさまざまなかたちで存在する、精神分析の本質的な側面が前景化してきます。すなわち、「主体が自分自身に関する真実を定める際には、強烈で長期にわたる経験を経ることでしか、認識可能な理解と配慮へ至ることができない」ということです。「新しい重要な関係性」のみが、真に変形をもたらすことができるのです。その新しい体験は「合理性と感情性を統合した理解」への接近を可能とします。

☆01（訳註） Ripetere è, infatti, un modo di ricordare.（英語：Repeating is indeed a way of remembering.）――有名な表現であるが、私たちが日々実感しているように、なにかを覚えるremember際には反復練習する必要があるのだ。

真実にむけた欲動

ここで重要なポイントに目を向けてみましょう。

フロイトにとってかねてより分析は〝真実〟と密接な関係性にあり、患者は「自分自身についての真実」を知ることで治癒されるのでした。多くの場合この真実は、分析家の疑う余地もない権威に依拠しているようでした。

しかしながら、幼少期の神経症から抽出された（ないしは派生した）新しい神経症、すなわち分析家**を伴う**実験神経症（転移神経症とも）をうまく培養することで、分析家は「共有された経験に基づく証拠」を手に入れようとします。分析家は、両者の眼前で起こっている事柄から、自身の解釈に揺るぎない説得力をもたらそうとしています。ここに、「真実は‐直接的‐である」という原理の起源と共奏（ユニゾン）（間主観的ないし合意に基づく一致）という考えがあります。

〝真実〟とは治療の戦略的要素であり、それに焦点を当てるレンズが分析家と患者で確立される〝関係性〟なのです。この関係性は、かつてのパターンを反復するという意味で古いと同時に、分析家がそれと対となる役割に同一化しないようにするという意味では新しいものでもあります。少なくとも分析家側はそう考えているでしょう。

ところが実際には、これは完全に保証されているわけではありません。分析家にも無意識はあり、無意識を吟味して解釈する訓練を受けているものの、どうしようもなく分析家は意識的に（そして特に無意識的に）複雑な関係性の駆け引きに巻き込まれることを避けられません。

捉え方が展開してゆく初期の段階で、転移はなによりも誤解という観点から理解されていました（フロイトによれば「誤連結 *falso nesso*」、すなわち不釣り合いな結婚 *mésalliance* なのです〔Freud 1892-5, p.303／邦訳：205〕）。患者というのは、みずからの宣言的・身体的記憶、複雑で厖大な期待、葛藤に対する既存の解決法などによって判断力を失い、分析家との関わりのなかでまとまった形の「あやまち」を犯しやすくなるのです。

分析家にとっての主要な治療道具であり、さしずめ外科医にとってのメスである〈転移解釈〉によって、そのあやまちは正されていくことでしょう。患者は、旧態依然の認知・感情地図を使って世界を移動するため、あやまちを犯してしまうのです。

転移に続き、フロイトは〈逆転移〉も「発見」します。

分析がますます体験的・感情的な次元を帯びてゆくのは、分析家も同じです。分析家は平然と中立的なままではいられなくなります。分析家当人の転移と、患者が示す転移に対する反応とを合わせて、患者に応答することになります。医師であれば、患者自身に向けた衝動を「胸に育む」しかありません。

そのため、転移と逆転移の分析は、古典的治療のアルファでありオメガであり、また、いくつかの点で、古典から逸脱したその他のモデルにあっても主要な要素でありつづけています。

クライン派のモデルの場合でも、〈解釈〉は主要な治療道具です。もはや〈転移〉に焦点を合わせたものではなく、「その瞬間に患者のなかで活発な無意識的空想を狙って説明を与える」という解釈の用法を考えてみると、おそらくなおさら、そのように思えるのではないでしょうか。

古典的な精神分析ではほとんど疑問が投げかけられはしないのですが、分析家の権威という点はどうでしょうか。周知のように、この点は、その他の精神分析モデル（たとえば関係論モデル）が鋭く批判してきたところです。精神分析における〝真実〟の問題ともっとも関係が深い以上、ここでこの点について、詳しく検討してみることにしましょう。

既述のように、フロイトにとって分析は、「知る」ことに患者が示す〈抵抗〉に対して分析家が打ち勝たねばならない闘争を意味していました。彼にとってもっとも重要となる基本理念によると、眼前にある情動体験の真実を誤解して歪曲しているのは患者となります。

教育学的‐教育論的な意図をもって、分析家が自身の真実を患者に押し付ける危険性は存在しています。実際、フロイトは自身の「神経症的」危機に瀕して、早い段階でこの種の事態を劇的なかたちで経験しました。患者というのは、必要に応じて治療者を「治療」して、自分の活動の様子を無意識的思考の派生物を通して治療者に絶えず信号を送りつづける者として、なるほど「最高の同僚」として、見なされてなどいないのです。

同様のことがクラインの解釈に対しても言えます。あるいは、ことによるとそれ以上に言えるかもしれません。

患者の心には必ず、解釈を受け取る無意識的部分が存在するため、余分なパラメーターを省いて、解釈の効用を検討することができるのです。患者の耐性の度合も、解釈が喚起し得る心的痛みも、承知のうえで（自動的に「解釈は良いものだ」と認められています）、深く、大胆に、解釈は無意識へ向けられています。これこそがクライン派による解釈の特徴でしょう。分析家は、転移関係での出来事を自然と理解できる存在として描かれています。

しかし、ある解釈が現在の資料に基づいて十分に根拠があるのかどうか、その確信はどのような真実の基準に基づいているのか、どうやって知ることができるのでしょうか？

容易に理解できるでしょうが、フロイトが立ち止まった地点（心的現実の発見）からクラインは歩き出し、それまでの精神分析の考え方に欠けていた生き生きとした豊かな意味合いを与えたのです。

心的生活は、自我・超自我・エスといった主要な心的審級が支配するフロイト的な舞台情景であると見なされることがなくなり、さまざまな対象との複雑な形の関係性（無意識的空想）が表現されるような対象がひしめく劇場として見なされるようになりました。すべてがさらに生き生きとして、万華鏡のように絶えず移り変わるものへと変転し、「おぞましい」ものとなりました。

この劇場に潜む影は、個人の意識生活に絶えず投影されつづけ、強力な影響を及ぼしています。分析家は〈解釈〉というかたちをとって、まるで「ほら、まるでキャンディード、そらマクベス、いまは宿屋の女主人、今度はバットマン、いまやライナス……」と伝えているかのようです。この劇場では明らかに、自身を役者として認識しているのです。もっとも強力な空想は、もっとも蒼古的なものなので、その大半がホラー映画やおとぎ話の世界でしょう。クラインによる独創的な描写の試みは、典型的な〝残酷さ〟をその特徴としています。

さて、精神分析全体を貫く縫い糸の構成要素として、直接性（あるいは内在 *immanence*）と共奏（ユニゾン）というパラメーターに立ち返りましょう。

〝直接性〟は極限まで称揚されます。子どもの世話とプレイ・テクニックを基に生み出されたクライン派の分析は、定義上、「いま・ここ」を取り扱います。

第二の構成要素（共奏）は、フロイトと比較するといくぶん見劣りします。というのも、患者が解釈を受けとる様子に、ほとんど関心を払っていないためです。子どもの場合、夢は遊びとなります。**遊ぶことは夢見ること**なのです。遊ぶということは、「その場にいる登場人物や、その登場人物に帰属する情動に対して、意味のある筋を構成する」ことです。

クライン派の伝家の宝刀 *ferrisitica* のなかで、もうひとつの重要な道具は、〈投影同一化〉という概念です。この用語は「望まない内容を取り除いて、他者の内部へ位置づける」という可能性を指し示しています。ここからもわかるように、クラインによる精神分析はすでに〝関係性〟を重視していたのです。抑圧は分割に、無意識は他者に、置き換えられています。さらに正確を期すならば、無意識は、すでに別のかたちで理論化されて、個人の心的場所としてではなく、自我に支配されない本質的に社会性を帯びた象徴システムとして考えられているのです。

メラニー・クラインは一九六〇年に亡くなりました。一九六〇年代初頭から一九七〇年代半ばまでの時期に、精神分析に意義深い革新が起こりました。ウィニコット、ビオン、コフートによる著作が出版されたのです。ユニパーソナルな（孤立した主体を据える）精神分析から、〃バイパーソナル〃ないし「集団的」精神分析への移行が始まりました。実証主義のパラダイムが危機的状況に陥っており、精神分析もその影響を受けないわけには行かなくなったのです。かれらは〃関係性〃に強く推進力を与えています。

この基本となる指針をウィニコットが「ひとりの赤ん坊など存在しない」と書いた箇所から引用することができます。つまり、母親を含めた「一対」関係として考えない限り、赤ん坊は存在しないのです。

この著述から、少なくともふたつの重要な帰結が生じました。第一に、母子関係は「ある心が別の心からのみ発生・発展していくことができる」というモデルなのです。第二に、母子関係は「治療作用」のモデルにもなります。心を育むということは、無意識の真実を知ろうとしない敵と戦うことではありません。さらに、分析家にも無意識はあって、いまやそれを無視しがたくなったのです。

ウィニコットによると、治療とは「私有化」のプロセス、パーソン（ウィニコットが導入したこの用語の定義に従えば）となるプロセス、身体に心を定着させる（身体の心を失わず）プロセス、生き生きとしてリアルで本来的な感覚に到達するプロセス、これらを妨げることなく可能な限り促進する方途なのです。

病気とは、世界から拒絶されて隠された〃脆い自己〃を守るために用いられた防衛手段なのでしょう。母親としての分析家は、クラインによる精神分析で理論化されているのとは違うかたちで、心的性質を有しているに相違ありません。

クラインから分析を受けたビオンは、小児科医ウィニコットよりも、さらに深くこのモデルを発展させています。このような状況下で、精神分析をより高度に定式化できるような精神分析の観察理論を彫琢することが課題となりました。

このため――繰り返しになってしまいますが――ビオンは「物自体」から始めました。子どもがまさに何を必要としているのかを感知してその子をなだめるべく必要なことができる母親のように、患者の不安に対する分析家の特別な感受性と、不安を受け止めて変形する能力のなかに、主要な治療道具を見出したのです。

このコンテインメントと変形の作用は、起こっている事象に対して、全体的で十全で感情的かつ合理的な意味を付与することに相当します。子どもも患者も、同じような操作を自分でできるように徐々に身につけてゆくのです。患者の不安を理解して受け入れるというのは、出会い、共奏（ユニゾン）、映し返し、一体化の瞬間を体験することです。

多かれ少なかれ、同様の事態を表現するものはさまざまに存在しています。情動的共奏（ユニゾン）は、実際の概念ではなく、ある種の「原概念」、すなわち、ある共同体で真実と見なされているものを支える、一次的間主観的な一致を作り出します。意味が付与される以前から、あらゆる幸せな体験は、まず心を構成します。シニフィエの断片（言語の意味論的秩序に属する場合）、あるいは感覚の断片（たとえ学習されたものであっても身体図式の記号論的秩序に属する場合）は、まるでレゴブロックのように互いに組み合わさり、見事な構造をかたちづくることができます。

分析家の手助けのおかげで、患者は、世界を移動するために有効な認知的・情動的な地図を描き出すことができます。現実との初めての邂逅によって、原情動や原感覚が生まれ、それが記憶、意味を帯びたイメージ、思考に変形されるという事態が生じます。ベータ要素は、象徴と言語の領域に必然的に導かれていきます。

夢が備えるふたつの側面、すなわち「真実を覆い隠す」面と「真実を詩的に生み出す」面のうち、ビオンは後者を強調しました。考えることは、夢見ること（無意識的思考）と同一視されるようになり、パーソナリティの精神分析的機能を果たすことになります。

もちろん、夢思考（フロイトが一次過程として示したもの）と、論理的-合理的思考（二次過程）を区別するという問題は、依然として残っています。

この点に関して、明確に区切ることを考えるべきではないでしょう。むしろ、ふたつの思考様式が**連続体**を成して配置されていると表現するほうが、適切であると思われます。

そうであるのだとすれば、さまざまな様式が活性化する様子を説明するのは、人間が有する〝注意〟の機能、つまり「微細な意識領域に意図的な注意を向ける能力」次第ということになるでしょう。ヴィゴツキーとルリヤ〔Vygotskij & Lurija 1984〕にとって、主要な言語機能は、コミュニケーションではなく、「注意を制御する手段」としてのものです。実際、彼らは、刺激に反応するタイプの「自然な」注意と、言葉に反応する「人工的な」注意を区別しています。

情動的共奏

ここで、ポスト・ビオン派の《分析フィールド》のモデルに立ち入ります。

これは、もっとも急進的かつ厳格な方途で、患者の歴史的現実や物質的現実を括弧で囲み、患者と分析家が出会う現実における深い情動体験に焦点を当てたモデルです。さながら「心の理学療法」「心の体操」のようなものです。

分析家は、自分や患者の言動がどのようなものであっても、その一切を、両者が共有している「無意識的思考の語りの派生物」であるかのように耳を傾けます（ただし概して、考えているのは主体ではなく集団であるとも言えるでしょうか。そうでなければ、私たちが「無意識によって語られている」などと主張することになんの意味があるというのでしょうか?-）。そのため分析家は〝内在 *immanenza*〟という急進的な基準を採用します。つまり「いま・ここにあって生き生きとしているもの」に注意を払うのです。

そのうえで、みずからの主観性に最大限の責任を担います。分析では往々にして、患者の「血まみれの傷」が持ち込まれます。その際に大切なのは、凝固の仕組みを解説することではなく、患者の傷口を手当てして止血することです。

あたかもカップルが経験を理解しようと共通の努力をしているかのように、分析家は、患者の言語的・非言語的コミュニケーションすべてに対しても、分析家自身の内なる語らいに対しても、陰に陽に耳を傾けるのです。

分析に支持や援助が必要なのは言うまでもありません。必要となれば、安心づけたり、指示したりするでしょう。

長期にわたる関係性の経過のなかで、なんらかのかたちで、〈解釈〉という金は、飽和的であろうと不飽和的であろうと（私－と－あなたを中心とした解釈は、それじたい二五〇ボルトですが、通常の電球であれば二二〇ボルトの電圧までしか許容できません！）、明示的ないし黙示的に、希少性は低いものの、重要性では劣らない金属と混ざり合うことでしょう。分析介入の純度を求めるのは無駄なことです。というのも、記号論的側面が前景化して、暗示と解釈の区別が曖昧になってしまうためです。

これまで、分析家の道具箱に入っている道具をいくつか見てきました。つまり、無意識、転移、無意識的空想、投影同一化、共奏（ユニソン）、〃もの想い〃、解釈、フィールドなどです。

では、分析家と患者は実際には何をしているのでしょう？

数回の予備面接（通常、二～四回ほど）ののち、治療適応が妥当であると判断すると、分析家は、比較的長期間（平均すると心理療法の場合は一～三年、分析の場合は四～五年）、自分たちが着手した作業を成し遂げるべく、適切なセッション数を伴って、会いつづけてゆくことを決断します。古典的治療では1セッション四五～五〇分間を週三～五回の頻度でもつことになります。

既述のように、現在のところ、これらの点に関しては、より柔軟な対応がとられる傾向があります。多くの場合、規範型の治療とは、到達を目指されるものなのであって、避けがたい出発点ではありません。経済的要因、具体的事情、心理的要因、文化的要素、実践上の因子（現代の専門職の多くが抱えるノマド性）など、さまざまな要因がこうした変化を説明していますが、それだけではありません。理論もまた変化しているのです。

いずれにせよ、患者がひとたびセッションの時間と場所を決めたなら、分析家の時間の一部を「借り入れて」、たとえ使わなくとも料金を支払うことになります。

その理由はさまざまですが、本質的に述べるならば、分析という「劇的」空間が、関係する役者による意識的・無意識的操作のために「炎上」することのないように保護するための取り決めなのです。つまり、このおかげで患者は、ある晴れた日にセッションに行かないと決めたとしても、それが分析可能なものであるとわかっていながらも、罪悪感に圧倒されることなく、自由に休むことができるのです。

分析家は患者にいわゆる「基本規則」を告げます。つまり、列車のコンパートメントのなかに座って、窓の外を流れる風景――この場合は意識に浮かんでくる考え、イメージ、感覚――を言い表す旅行者のように、不適切に思える事柄、取るに足らない些細な内容を、「不快に聞こえるかもしれない」などと心配することなく、すっかり話すことを、患者に求めるのです。

分析家は、判断を下さないような好意的かつ関与的な態度で事に臨みます。今日では、多数の人びとが、「患者には話したいことを話せる空間がある」こと、「言いたいことを言うことも黙っておくこともできる」こと、「分析家も同じようにする」こと、などを好んで伝える傾向にあります。というのも、こうすることで「自発的であれ！」という逆説的な命令を与えないようにするためです。

すでに述べてきたように、〝語らい〟の論理的連結を緩めようとすることには、ある種の「夢-としての-会話」に近づける意図があります。夢の言語を簡単に特徴づけるとするならば、それは「詩歌の言葉」と酷似していると言えるでしょう。〝語らい〟の論理的-合理的（意味論的-内容至上主義的）構造よりも、〝語らい〟の音楽的ないし記号論的な構造が優先されるのです。

隠喩と換喩は、ラカンが置き換えと圧縮として言及したふたつの修辞的比喩表現であり、フロイトが表現可能性と二次加工とともに強調した、心が夢のイメージを構成する方法（夢作業 *Traumarbeit*）で主要なふたつの機制です。死と同じく、夢の言語の表現はその「多義性」を特徴としています。一方では、当人の内的生活の内容にすばやく接近するような方法を提供します。他方では、探索的で投影的な作業に見事なまでに適しているものでもあります。

かつての分析家たち（の多くが現在でもこのようなやり方に沿って患者の夢に取り組んでいるのですが）は、まず顕在内容を調べ上げることで、超自我という心的審級（フロイトが一種の内なる法廷として理解した）に相反するために夢見手が隠してしまった「潜在思考」を追跡していました。

昨今の〈関係論〉ないし〈間主観性〉の観点からは、患者の夢とともに作業することが好まれています。夢のなかに隠された内容を――その限界まで（〈汝、己を知れ〉という古い哲学的訓戒は古びたものではありません）――探し出すのではなく、むしろ夢のイメージを理解し、それを患者の物語、治療関係のリトマス試験と織り交ぜながら、一種の〝共同作業〟に取り組むのです。典型的に述べると、夢は「異なる現実」の見方（すべて同時に妥当な視点）を採択するように私たちを強制します。それは、私たちが詩を詠むときとよく似ています。おわかりのように、このような夢へのはたらきかけは、抽象的思考だけでなく、カップルが共有している情動の領域に根ざしたものであることを考慮すれば、心の成長や真実や現実感と重なります。

現在、「審美的パラダイムに移行した」ないしは移行しつつあると言われる所以がここにあります。これは、耽美主義というような意味合いではなく、十全で統合された身体精神的な意味での審美的パラダイムを指します。一個の人間は、主として間主観的で感覚的な次元で構成されています（アイステーシスとは「感覚」を意味します）。

ジャンパオロ・ライ〔Lai 1985〕による書名を借りれば、最良の場合、人間は〈幸せな会話〉に参加します。ここでいう「幸せ」とは、波長が合うという意味であり、必ずしも肯定的な話題や愉快な話題と関係があるわけではありません。それどころか、その逆であることも多いのです。「喜び」は、理解されたり、照らし返されたり、受け入れられたり、コンテインされたりと感じ取ることにあります。

「夢見る－ように－語る」ことは、当然、近づいたり離れたりするような一種の理想状態を指しています。治療において、沈黙や不毛、憎悪や欲求不満など、とてもつらい局面を迎えることがあります。精神分析の理論のおかげで、時間の矢☆02が止まってしまったかのような状況下でも、ほとんどの場合、分析家は持ち堪えることができるのです。時間が経つにつれて、分析家

☆02　英国の天文学者Sir Arthur Eddington〔1882-1944〕が提唱した概念であり、時間の「一方向性」または「非対称性」を表す。

と患者の関係は深まり、首尾よく進めば、新しく深い人生経験となるでしょう。

その経験が「幸せなもの」であれば、主体は自己を再構成し、知的なだけでなく「手続き的」*(実際にちゃんと考えなくとも、スキーやピアノ演奏、コンピュータのタイピングなどを、可能とするような記憶を意味する形容詞)相互作用の新しいパターンを内在化します。その大部分が、単なる「人工的」関係性ではもはやなく、「情感的な」物語を直接的・間接的(寓話的)に語り合うことに興味を寄せ、喜びを抱き、有用性を感じるふたりの人間どうしの本来的な出会いがそこにあるのです。もはやや、単に通過される予定の駅や、予定調和のテーマがあらかじめ想定されているプロセスではありません。結末が未定の、探索的な行路なのです。

転移性恋愛と依存

治療や治療者の姿に依存してしまうのではないだろうか、という恐れをよく耳にします。医学が教えてくれる科学と良心に従って物事を進めれば、この恐れは杞憂に終わります。この種の依存と、ほかの援助職に対して抱く依存のあいだにはなんの違いもありません。というのも、分析の場合、いわゆる〈転移性恋愛〉などのように特殊な形をとることこそありますが、なすべき作業の点では機能的なのです。

患者が分析家と恋に落ちるというステレオタイプは、数多のハリウッド映画によって大衆に広まっています。伝統的な転移性恋愛の考え方は、いわば勘違いのラブコメディです。患者は

＊手続き記憶　言語的意味(意味や言語)や表象(さまざまなイメージ)としてではなく、運動性や情動のパターンとして蓄積されている記憶。【p.197】

無意識のうちに治療者に自身の近親姦的欲望対象である父親を見出して、恋に落ちてしまうというわけです。当初、フロイトは、転移性恋愛を「劇場の火事」と称していました。精神分析の嚆矢たるブロイエルは、アナ・Oが不意に首に腕を回してきたため逃げ出したそうです。フロイト自身、何度か危ない目に遭いかけたことを認めています。しかし、その後、彼は転移性恋愛を治療の原動力に変えたのです。

ある意味では、これは自明のことです。つまり、人間関係の温度が上昇すれば、神経症という鉄が加工しやすく曲がりやすくなります。治療はさらに大きな変革の可能性を秘めています。ただし、まったく人工的なものを考えるのは無理でしょう。愛に関するフロイトの立場は曖昧です。一方では、妄想と現実否認と見なしており、他方では、学びたいという強い欲望、現実に対する開放性、そして実に深い他者理解の表現と見なしています。

このように不確実であるということは、古典的精神分析が〈転移性恋愛〉を疑っている事態を反映しており、純粋ないし「本当の」愛というバージョンと対照的に「偽りの」愛として転移性恋愛を考えていることを示しています。

同じように、無意識を意識化すること、および自我の統制下へエスを据えることという原則も、曖昧かつ不十分な定義でしょう。フロイトの表現を借りると、対象に対する深い知識が当人への愛と不可分であるように、情動的共奏（ユニゾン）と分かち難い真実とは、どのような価値を有しているのでしょうか？　ただし〈転移性恋愛〉は爆発物です。適切に取り扱わないと、破滅を導く罪の元となるでしょう。

事実、治療において愛‐情感が果たす意義を強調している著者が数名ほど存在しています。『グラディーヴァ』について記しているバルトによると――「フロイトはここで、ある意味で愛の治療と精神分析な治療を同化させている。すなわち『〔……〕妄想における愛の力は侮れない』」。続けて次のように書いています――「グラディーヴァ的技法の賭金：〔……〕恋愛主体を主体として承認すること、つまり主体そのひとの実存を、主体そのひとの価値を立証し、そして主体についてのあれこれを理解しようとすること。この承認は間接的でなければならない」〔Barthes 1977, p.337／邦訳：p.336〕。

サールズ、レーワルド、オグデン以前は、分析において愛について率直に語ることはタブーでした（し、口が裂けても言いませんでした）。というのも、愛はすぐさま「劇場の火事」に喩えられて、フロイトがセッティングの規則違反を呼びかけるためにそのイメージを用いたためでした。

分析が間接的な愛によって治療するというのは、見当違いでも大げさなものでもありません。ビオンの著述によると、母親は〝もの想い〟のなかで子どもを愛しています。管見ですが、分析における愛に関する白眉は、オグデンの『精神分析の再発見』に収録されている「ハロルド・サールズを読む」〔Ogden 2008〕というエッセイでしょう。オグデンは、サールズの著作「逆転移におけるエディプス的愛」にコメントを寄せるかたちで、次のように論じています。つまり、治療者は、エディプス愛を首尾よく分析しようとするためには、患者と恋に落ちながらも、患者の欲望がけして実現されないことを、そして常に情感の領域にとどまることを認識しなければなりません。結局これは、近親姦の禁止、すなわち、あまねく文化に共通する唯一の法が定めるところであり、文明の基礎たる事柄を分析上で遵守することに過ぎません。したがって、それは、けして人工的ではない人工物を治療するものでもあるのです。

チェトリット＝バティーヌ〔Chetrit-Vatine 2012〕によると、分析は相互誘惑の状況なのですが、分析家のほうは明白に**倫理的**であらねばなりません。さもなければ、ジュリア・クリステヴァの言にあるように、転移のなかに「新しい愛の物語」を見出して、治療を求める要請のなかに転移的絆の経験でしか満たせない愛の欠乏を示すことになるでしょう。「自らの訴え、症状、幻影が、不可能な他者――私の要求も私に欲望もともに満たすことができない他者、いつも満足を与えることのない、逃げ去ってゆく他者――に向かっての愛の言説である」〔Kristeva, 1985, p. 34／邦訳：p.14〕。ジャン・ラプランシュによると、乳児の「心的誕生」の基礎は、母親による原初の誘惑にあるようです。

分析フィールドのモデル

本節では、パヴィーア学派と広く捉えられている分析的な理解の手法について、その主たる側面をいくらか論じます。この考えについては本書の随所で確認できますが、もっと深く掘り下げたい方向けに、参考となるような文献を推薦図書して掲載しています。ぜひご覧ください。

要約すれば、多少なり単純化されるのを覚悟のうえで述べると、フロイトによる夢のパラダイムおよび〝漂う注意〟*という技法の極北は、ビオンが形を添えることで、ようやくその含蓄を知られるようになったのでしょう。古典的な精神分析の時代が着実に移り変わり、いまや夢の中心性は、独自の手法で解釈されるようになりました。新しいコンセプトとして、次のようなものがありましょう。

◇無意識はパーソナリティの精神分析的機能である（つまり、心が情動的かつ概念的に個人的意味を与える方途としての無意識）。
◇到達不能ないし抑圧されていない無意識がある（つまり、心的表象ではなく、内的操作の図式や潜在記憶で成り立っている無意識）。
◇象徴化の活動としての夢作業ならびに夢見ることと考えることが実質的に等価である。
◇一次過程と二次過程という二分法をもはや質的に異なるふたつの思考様式と捉えるのではなく連続体の両極として捉え直す。
◇体系的な懐疑の原則を採択する。
◇ある心が別の心から発達する様相に関わるモデルならびにもの想いの能力の性質。
◇治療目標を再定式化してもはや無意識を意識に翻訳するのでなく無意識を「作る」（つまり、経験を翻訳する心の能力を拡張する）。
◇精神（サイケ）にとって異物として作用する心的内容の復旧・発見よりも心的コンテイナー――機能と過程――の発達を重視する。
◇そのセッションの場で切迫して起こっている事象をもっとも適切に把握する方法と考えられている

心的変形が中心に据えられる。

◇物語論の力を借りてこれらの変形を解明する。

◇心的発達理論において欲動概念よりも情動が中心に据えられている。

《分析フィールド》のモデルでは、ビオンの臨床上の直観が独創的かつ啓発的であるため、中心的に彼を参照しつづけていくことになります。

しかし、彼の思索を深化・拡大する仕事に携わってきた著者たち（特筆すべきは、グロトスティン、メルツァー、オグデン、フェッロなど）が導入した統合・解明・修正・独自の貢献なくしては、日々の臨床にビオンの理論と技法原理を活かす術を思い描くことは困難に違いありません。彼らのおかげで、革新的でありつづけるビオン――その臨床上の視点で眺めると本質的にはクライン派と規定できる――の思索をとりわけ平易に伝えられる道具へ変形することができています。

ただし、これは思ったほど簡単ではなく、その分析家がもつ天賦の才に基づくか否かということだけでもないのです。このことは、《分析フィールド》モデルの際立った特徴だと思います。

これらの道具の直接的・戦術的な目的を考えてみてください。その道具とは、つまり、夢・遊び・幻覚症における変形、〝もの想い〟、メタファー、夢の閃き、身体的な〝もの想い〟、セッション中の夢、覚醒夢思考の語りの派生物、セッションにおける登場人物などを指します。これらは分析上の事実に対する分析家の受容性を拡張し、結果的に患者がその経験を個人的に（内密でありながら共有された）意味づける能力が高まります。

一般的に分析家は、なにかしらの答えを与えるよりも、「違う角度から自問する」傾向が強いでしょう。このこと自体がすでに、関係性が進展して変形することにとって、非常に強力な要因となっています。というのも、新しい問いかけが新しい意味の展望を開き、危機に瀕した交互的な感情充当を変化させることは自明であるためです。

したがって、このように精神分析は、精神分析を理論的に発展させようとする強い傾向をもちながらも、いかなることがあろうとも臨床的事実に向き合う瞬間を大事にする、ということを特徴としています。この領域では、いわば言葉が通じない分析家がいたとしても、実りある対話を営むことができ、ある理論的な道具が他の理論的道具よりも獲得できる意味を、検証することが可能であると言えるでしょう。

ここで、フロイトの精神分析との最大の連続性も最大の非連続性も同時に示す、ある要素に立ち返りましょう。それは、夢のパラダイムをラディカルに活用する方途にあります。

これまで筆者らは、《分析フィールド》理論で重要となる原則を繰り返し強調してきました。この原則に基づくと、分析上のほとんどすべての出来事や事実は、セッションの直接性のなかで活性化される多重な転移ベクトルに関わっているものとして理解できます。〈内的セッティング〉という概念はまさしく、分析のテクストやセッティングのあらゆる要素を《分析フィールド》の一部と見なし、転移の仮想上の表れと見なす分析家の態度を指しています。〈内的セッティング〉とは、〃平等に漂う注意〃[*]を意味するだけでなく、とある視座を取り戻す可能性も備えています。その視座とは、分析の劇場で絶えず演じられている公演が(必然的に)中断されるた

＊**平等に漂う注意**　分析家は、患者の話の特定の要素をア・プリオリに順位づけることなく耳を傾け、予期せぬ出来事に対して、なんらかの形で驚きを体験するよう、自身を開かれた状態にしておく。

びに、まさに顕現している事態を、現在ないし過去の外的現実の事実や出来事、あるいは分析家や患者の心的現実の要素としてのみ、フィールドに送り返す視点なのです。このような視座をもつことは、「分析が**無意識の真実や心的現実を取り扱っている**ということを忘れてはいけない」という意味なのです。

分析家がみずからに課す目的は、内容の解読ではなく、患者が〈**アルファ機能**〉を発達させて、これまで考えることができなかった事柄を考えられるようにすること、言い換えるならば、〈**アルファ要素**〉や夢思考に変形するべく、加工・消化・アルファベット化できないせいで分割して外部へ投影していた自己の側面を回収することなのです。要するに、意義のある表象・概念・語りに変形するということです。

このプロセスに欠かせないのは、分析家の心の受容性、つまり、患者の投影同一化物を受け入れ、自身の〝もの想い〟（感覚的で身体的な）の能力を駆使して、それを変形しようとする心の余白なのです。

この際に、分析的〝一対〟に関与するふたりの心の創造的結びつきが、出会い、情動的共奏（ユニゾン）、〝一対〟関係による意識の拡張、心的成長などと、さまざまに呼称される瞬間をもたらす一連のサイクルを発生させます。

このサイクルを専門的に述べると、妄想分裂ポジションと抑うつポジション（SP↔D）、コンテイナーとコンテインド（♀／♂）、消極的能力／選択された事実（NC↔SF）のあいだの揺動と言われます。

換言すると、危機・迫害・混乱・断片化の状況から、散在したデータの再統合、意味の創造、責任を引き受ける立場へ移行するたびに現実化する事態を指しているでしょう。このようにして、象徴化の作業が再開され、患者の心は——ひいては分析家の心もまた——痛み・真実・苦しみ、「現実」という重荷に耐えられるようになるのです。

分析家は、この「発達に積極的に関与できる」という貴重な機会を、患者からできる限り剝奪しないようにします。そのため、一般に「弱い」とか「未飽和の」と呼ばれるような解釈を用いる傾向があります。意味を決定的に閉じてしまわないように、未飽和で開かれた解釈は、患者に想像力をはたらかせることを求めます。

そして、対話は、思いがけない方向へ発展してゆくことにもなるでしょう。心地よい雰囲気が醸成され、微妙なニュアンスを感じとりやすくなります。眼差しはさらに鋭くなり、「精神分析という戯れ」ないし「無意識の戯れ」で遊ぶ快さが発見されます。ほのめかし（allusiva：ラテン語の *ad* + *ludere*、つまり「遊ぶこと」を指す）、喚起的・省略的といったレトリックは、意味を完全に伝えることなく示唆するにとどめ、別の事柄や、語られていない事柄、あるいは沈黙（それじたいが不透明でも閉鎖的でもないような雄弁なる静寂）のための余白を残すうえで、有用となるでしょう。つまり、沈黙は、無意識という予期せぬことや未知なるものに対して「開かれた」「沈んだ」受容的な空間（この反対は、おしゃべりではなく、雑音）を作り出すのです。

分析家は、自分の方向性を定めるために、自身の理論をコンパスとして自由に使えるようにしていきます。そのおかげで、深い無意識のレベルで何が起こっているかを直観することが可能となります。

そうしたことの結果として、分析家は、耐えず患者が発する直接的な信号だけでなく、なによりも間接的な信号によっても導かれるのです。したがって、時期尚早であるためトラウマにもなりかねないようなかたちで自身の語らいの参照枠を変えずにいられるのです。

基本的にこれは、ウィニコットが子どもの治療相談面接のために考案した有名なゲームと同じように作用します。分析家と子どもが一緒に紙になぐり描きをして、それぞれが順番にひと筆描きを加え、どんな絵が立ち上がってくるのか、どんな意味がありそうなのかを見るという遊びです。

とはいえ、接触が途絶えたり、あやまちが生じたり、コミュニケーションがどうしようもなく断絶してしまったりと、フィールドに「病気」が生じないとは限りません。セッティングそのものが、ある種の必要な「暴力」手段であると同時に、ある種の規則の遵守を課すという意味での封じ込め（コンテインメント）の手段でもあるのです。

分析家は、患者の発言に耳を傾けるだけでなく、みずからがはっきりと口にした発言や、胸に秘めたままの内的発言にも耳を澄まして、そこで展開される登場人物や筋書きに多大な注意を払います。このような登場人物や筋書きは、覚醒夢思考、つまり、〈ベータ要素〉（原感覚や原情動）が絶えず視覚像（ピクトグラムや〈アルファ要素〉）へ変形されているものの、無意識的な語りの派生物として理解されます。ここに心の作動が求められています。

同時に、分析家は、「〈ベータ要素〉の雲」のことを、心の〈アルファ機能〉によってフィルターにかけられるのを待っている原感覚データであるばかりでなく、ある種の「原初的コンテイナー」でもあると考えています。意味の結晶を生み出し、そのたびに危機的状況へ立ち返らせるような情動因子のような〈ベータ要素〉でさえ、〝意味づけのゲーム〟によって新しい道を切り開くのです。

また、ある程度は耐えることができる曖昧さであれば、それが「情動の成熟」と同義であるという意味で、道具であり目標にもなりうると悟るでしょう。つまるところ〈ベータ要素〉は、欲動・情動・転移を知らせるものなのです。フィールドの力線が引き直されるたびに、その方向性を決定する因子なのです。象徴化は、激動/混乱、確信/疑念という二極の相互作用の弁証法において、それ自身の解体との絶えざる緊張のなかでのみ見出すことができるのです。

このように、対話は、分析作業に特有の解釈手順と同一視される「生成文法」のたまものではありますが、表面的なレベルで整えられてしまいがちであるというのも事実です。ただし、それは見かけ上のことに過ぎません。実際には、パリンプセスト[☆03]の異なる層の書き込み内容のように、あまり見えないけれども無視もできないような、第二、第三のレベルに由来していることがあるのです。

無意識の情動的真実は、さまざまな局面で解釈が到達しようとするものですが、ほとんどの場合は黙示的ないし間接的にアプローチされます。というのも、それは、真実の反映なのであって、絶対的な真実ではなく、「常に絶え間なく続いている話し合いの結果」にほかならないた

☆03　以前に記された内容を部分的ないし完全に消去した羊皮紙やパピルスなどの表面に、新たに字句を記して再利用したものを指す。以前の文書が読み取れることが多い。

めです。

《分析フィールド》のモデルは、話すということに多大なる信を置く作業スタイルにつながります。つまり、言葉に重み・まとまり・密度を再び与えるという、分析装置に備わる可能性を重視するのです。たとえば、詩的表現に宿る魔法のようにある種のオーロラ状態を回復させることや、独自のメタファーやふさわしいお国言葉を確立することなどです。

しかしながら、分析的語らいは、たいへん貴重である一方で、腐りやすい性質を有していることも、強調しておかねばなりません。最善を尽くそうとしているにもかかわらず、分析家は容易に虚偽と暴力に堕ちるものです。なので、常に自分自身とみずからの衝動や体験を見張り、無意識の筋書きを見抜く能力によってその事態を解釈することが、求められているのです。

スタイルという水準で言えば、分析家は、自制心を抱きながらも、素朴かつシンプルな自然体であること、簡潔明瞭な言葉遣いを心がけています。内心では、自身が知っていることが相対的で、暫定的で、推測的な性質のものであることに自覚的であり、いつでも修正・改訂の可能性があることを知っています。分析家は、確実性や傲慢さや断定性から影響を受けないようにしています。

一方、患者はそのような分析家のことを、不確実性、矛盾、複雑さに持ち堪えることができる存在として経験するでしょう。あるいは、一挙にすべてを理解することをよしとせず、人間の条件の無意味さという深淵を直視することに耐える人物として経験するでしょう。これらの事態に遭遇しても、分析家は、自身が新たに語る能力と思考の成長を身につけて、獲得した事柄を信頼するやり方を備える人物なのです。

管見ですが、このような態度を理想モデルとして描き出してしまうと、親切なミニマリスト——スタイナー〔Steiner 2016〕が「真実は、親切であるかまったく真実でないかとのどちらかだ」と述べているのと同様に、親切という言葉には「理論的‐技法的」性質を付与したい——であることが揺るぎないこととしても、精神分析実践の神託的・神秘的・教会的・科学的・審美的な見解を拒否することになります。

私たちが重視したいのは、深い〝倫理性〟を特徴として具えた理論的‐技法的アプローチなのです。ビオンが繰り返し述べているように、分析家は患者に対して最大限の責任を引き受けています。というのも、分析という劇場には、痛み・悲しみ・恐怖・危険がまちがいなく潜んでいると知っているためです。

そして、分析家は、人間の条件の根底にある「孤独」という真実が明るみに出されなければならないと考えます。理想的には、分析が終わるとき、患者が現実の錯覚的性質の秘密、諸行無常の感覚、あるいはサールズ〔Searles 1965〕が述べるような「痛みと死の不可避性」を受け入れることでもって、分析家のもとから立ち去るしかないとも考えているのです。

これは、基本的にフロイトによる明快な悲観主義と同根でしょうが、どちらかと言えば、ネガティヴなものを理想化しないような、平均律的な懐疑主義の甘美さなのではないでしょうか。

原初的な心的状態と、到達不能な無意識

いわゆる「抑圧されていない無意識」について言及する前に、いくつかのポイントを手短におさらいしておきましょう。

フロイトの精神(サイケ)モデルは、ユニパーソナルな心理学であり、当人の精神内的力動(イントラサイキック)(葛藤、欲動、内的対象の性質など)を研究することで他者を知ろうとするものです。分析家は、幼児神経症に関連して長年培われてきた古いパターンの反復、いわゆる転移(治療において「想起する」ことのきっかけ)から着手し、本質的には知識に治療的価値があると勘定に入れたうえで、患者の無意識的空想——たとえば母親に抱く近親姦欲望——を明らかにします。

フロイト以後の精神分析では、重要な事態が起こります。特に一九七〇年代には、関係性パラダイムが確立されはじめました。ヘーゲルが言うように、主体は認識の弁証法から、他者の欲望に対する欲望から、生まれるのです。生まれ落ちたときから子どもは、母親が与えてくれる文化システムに浸されることとなります。そうして実際、ウィニコットが言うように、ひとりの子どもなどというものは存在せず、あるのは母子のカップルだけなのです。

同じように、セッションで起こることは、もはや、被分析者の幼児神経症の一面が「中立的な分析家」という空白のスクリーンに一方的に投影(転移)された産物としてではなく、むしろ分析場面の役者 - 観客の双方が寄与する(基本となる作業に対照性がないとはいえ)古くてまったく新

しい物事として理解されます。関係論や間主観性モデルに従うと、無意識を治療道具として翻案することが難しくなってしまいます。いまや分析家は、自身が逃れえない主観性と、「自分が観察する事実の生成にみずからが関与している」という事態を、考慮するほかなくなったのです。分析家は、一方的に患者を読み解く存在ではなくなり、その意義は〝語らい〟の結果として立ち現れるものなのです。

ところが、これだけでは物足りないのか、事態はさらに複雑化します。ラカンが述べるように、無意識は、言語活動のように構造化されているのかもしれませんが、単なる言語ではなく、抑圧された無意識でもなく、もっと古くて言説以前的な無意識の存在も考慮してみなければなりません。それは「未思考の知」〔Bollas 1987〕であり、一次的な対象関係の「身体的印象」を保持する記憶、すなわち自我形成以前ないし自我発達以前に（生まれたときからすでに原始的形態を具えていると認めれば、の話ですが）〝生きた生活〟の記憶を指します。

このように、分析家たちは、欲動から関係へと視点を変えることで、臨床実践で直面することになる病理の多くが、このレベルに関連する機能不全に由来しているのではないか、とますます気づいていったのです。すなわち、精神表象に翻訳されず、そのために、言語活動に到達できないで存在することの、審美性に組み込まれるような記憶システムのレベルに関わってくるのです。

この着想を摑むべく、オグデンが心的誕生、あえて換言するならば最初の心的翻訳をどのように言い表しているのかを見てみましょう。

乳房は、特定の（目に見える）形、柔らかさ、手触り、暖かさなどをもつ母親の身体の一部として体験されるものではない。その代わり（もっと正確に言うと、目に見える対象としての乳房の体験と弁証法的な緊張関係にある）、自閉的な形としての乳房は、喩えるなら、乳児の頬が母親の乳房によりかかることによって創り出される場所（心地よさのような感覚域）であるという体験なのだ。皮膚表面での隣接は、その瞬間に、乳児となっているという特別な形を創り出す。言い換えれば、その赤ん坊の存在は、こんなふうに感覚的に定義され、所在の感覚を与えられる。〔Ogden, 1994, p.382-283. trad.it. 1999, p.122／邦訳：pp.236-237〕

ここで取り扱われているのは、意味の兆し、最初の転移、最初のメタファーにほかなりません――つまり、ニーチェであればこう述べるでしょう「この事態は類似性と非類似性が等しい場合に起こるのである」と。

自己以外の他者（差異性）は、自己（同一性）の機能として経験されます。そして、忘れてはならないのは、分析の全体状況、いわゆるセッティングが、子どもが最初に住む家である母親の肉体と世界を象徴的に等価のものとすること、および、子どもの最初の「言葉」が触れるということであるならば、それが象徴的思考の表現であっても、この感覚的（より適切に述べると精神身体的）性質が絶えず保持されているということなのです。

そのため、本書のなかで何度か指摘したように、治療作用のモデルは移り変わっているのです。患者の統合を援助するうえでは、もはや（シニフィアンの）内容を翻訳するかどうか（だけ）

の問題ではありません。たとえば、夢の潜在思考や、ある行動の背景にある無意識的動機を明らかにして、その症状を理解不能なものとしている「記憶の間隙」を埋めればよい、という話ではないのです。

いまや分析家は、頬と乳房の接触面（インターフェイス）のモデルを考慮しながら、みずからの解釈的介入が患者にとって耐えうるものなのかどうか、自我が支持可能な意味の侵入（差異）を持ち込まないのかどうか、に関心を払います。

心的成長を促すためには、歩調を合わせること、共奏（ユニゾン）することが必要です。このため、分析における解釈は――エーコの表現を借りるならば――「ほとんど同じことを言う」という形をとるようになりました（弱い解釈、未飽和な解釈、物語的解釈と呼べるでしょう）。これはつまるところ、**ある言語から別の言語へ翻訳する者として、相手に同一性が必要であると尊重すると同時に、許容範囲内で**〔翻訳された言語で読む人が読みやすいように〕**目新しい要素を導入する**、ということでしょう。

そして同一性は、心的内容だけでなく、その絵画を囲む額縁、描かれた人物を際立たせるような背景、身体とその情動と結びついており、純粋にそのものだけを論理的‐合理的な観点から把握することはできません。

今日の精神分析にあって、分析家は、過去に前例がない深刻な病理を取り扱うようになりました。

ふと気がつくと分析家たちは、不在のテクストから翻訳し、トラウマという「空白の（ホワイト）」感覚および、**自我に先立つ身体の記憶**を理解しようとしているのです。それは、省察的な意識が生まれる背景を再構成することであり、経験を組織化する余白や枠を再設定することなのです。あるいは、起こっていることの音楽、すなわち言葉では言い表せないものに同調することです。あるいは、意味を回復すること、それはまた初めて意味を与えることかもしれません。

私は、あなたが経験／体験していることを生きており、それをこのような形であなたに翻訳しているのです、と言えるでしょうか。それは、おそらく、みずからが自身の分割（スプリット）した側面にまた触れられるようにするので、よりよいものであるでしょう。ここでまた〝リズム〟という考えに逢着します。というのも、リズムは感じられて意味の創造に寄与するものですが、リズムそのものを言葉にすることは叶いません。ゆえに、美的体験や付随する**真実**の感覚は、突き詰めると分析的作業のモデルとなるものです。

そして、痛みを生き残るためには、忘れることと同じくらいに、想起することも重要なのです。思考そのものは、記憶と忘却から成り立っています。すなわち、ある程度は似ている事柄を把握しておきつつも違いを無視することで、経験の直接的な文脈に適応して生き残るべく、カテゴリーやシンボルやメタファーを構築するという脳構造に当然のように基づく能力から成り立っているのです。

健康と病気を分ける境界線は、想起することと忘れることのあいだではなく、原情動や原感覚を「思考に変形できることとできないこと」のあいだに引かれています。記憶には、殺す記憶と救う記憶があります。殺す、あるいは病気にする記憶とは、傷つけたり、定着したり、トラウマ的特徴を獲得したりする記憶、つまり、個人の想定能力や変形能力を超えてしまっている記憶です。未消化の情動が蓄積されると、その情動は、ありふれた心気症的な心配から、思考装置そのものの「自己免疫」による崩壊、歴史解説のごとき味気ない回想へ自閉的に隔離されること、もっとも深刻な倒錯に至るまで、症状としてカプセル化する道を歩むことになります。

重要なのは「記憶と結びついた情動が、精神(サイケ)によってどうにか、コンテインされるかどうか」であり、要するにこれは、フロイトが強調した夢のレトリックに具わる機序に本質的に基づく意味作用の作業に従うことができるかどうか、ということなのです。

ところが、この能力は、生まれたときからア・プリオリに付与されているものではありません。そうではなく、母親(アングロサクソン圏での表現ではケアギバー *caregiver*)がみずからの考える／もの想う能力を子どもが利用できるように提供する、という長きにわたる関係性のたまものなのです。母親は子どもから「伝染した」投影同一化物／有毒情動を受け取り、変形して送り返しますが、そうしてこの能力を実際の技能として〔子どもが〕発達させるのです。

こうして私たちは、経験を「夢見る」ことやアルファベット化することで、その経験を理解するための〝地図〟を描き出すことができるようになります。明白に価値観を表すような情動が結びつくことではじめて、つまり、不毛な歴史解説をやめて〝語り〟となったときにはじめて、「事実」は私たちにとって本当に意味あるものとなるのです。

この能力を保ちつづけることです。

このおかげで、以前に引用した[☆04]ジェルーンによる小説の主人公をして、自分の同一性の一部を切断されてもなお生き残り、暗闇から再起を図り、他者の不在／母親を見ないこと（もちろんフロイト言うところの）を表し、そのような他者を取り戻すために、心的作業に着手することができるのです。

過去との奮闘は、体系立てて思いのままに記憶を消し去ることでは終わりません。というのも、主人公が生き残るためには、〝自己の感じ〟を保ち育んでいくことが欠かせないためです。それにより、彼は、自分や隣の独房にいる囚人に向けて、若い時分に親しんでいた**思い出**の小説（ユゴー、バルザック、カミュなど）を暗唱し、即興で作り出した物語ないし工夫を凝らして、既存の話を改変した物語を話して聞かせていたのです。

しかも、この活動を孤立無縁のなかで実行していたわけではありません。そうではなく、これは、なにか考えられないことやトラウマに直面した際に受ける分析のなかで情動や思考を紡ぎ出すような作業に、多少なりとも似ているのではないでしょうか。それこそが彼にとってできる自己治療でした。シエエラザード[☆05]のように——そしておそらく私たちが日々しているようにーー**存在することに持続的に意味を与える**ことにより、彼は死を躱しているのです。

☆05　Scheherazadeは、千夜一夜物語（アラビアンナイト）に登場する女性。女性を処刑する王の妃となるが、王に殺されないために夜な夜な物語を語り聞かせる。王は翌日も彼女の物語を聞きたいがために、彼女の処刑を先送りしつづける。

☆04　第2章「ヒステリー者は記憶に苦しむ」の節。

第5章

児童・青年の分析

みなさんは、耐久戦の名手、遅参者*Temporeggiatore*と呼ばれたクィントゥス・ファビウス・マクシムスが[☆01]、ハンニバルとの戦いに勝利した経緯を覚えているでしょう。良い親であれば、緊急事態に陥った子どもを前にした場合、時間稼ぎの*temporeggiare*方法を心得ておかなければなりません。すなわち『私にできることは何でしょうか？　このようになった理由は何でしょうか？』と質問しなければなりません。そのため、時間を稼ぎ、問題が消失して解決に至るよう、時の流れに身を**委ねる**のです。これが最初のステップだと思います。

一過性のものではなく、長続きしそうな症状（さまざまなかたちで表現され得る）として苦しみが示され、子どもの生活や能力を制限される場合があります。その場合にのみ、「子どもを誰に診せるとよいのでしょうか？」という疑問が湧いてきます。いちばん身近な人に頼ってみるのもいいかもしれません。小児科医であれば、その子を見て、それが一過性の現象なのか、症状による現象なのか、ある瞬間の実存的な不調なのか、それとも介入すべきものなのかどうか、そうしたことを見分けることができるでしょう。

まさにこれが、なんらかの症状に直面した際に医師がおこなうことであり、あるときはただ

↘　頼らない社会改良主義を志向した運動をフェビアニズムと呼ぶのはその名に由来する。よく知られた二つ名のクンクタートルCunctatorは、ラテン語で「のろま」「ぐず」といった意味である。持久戦略を採ったファビウスに付けられたあだ名で、当初は否定的な意味合いであった。また、ウェッルコススVerrucosusは「いぼ」という意味である。

待つのみ、あるときは軽い介入、またあるときはかなり踏み込んだ介入をする、ということです。この際、当の医師が仲介者となり、児童神経精神科医や心理療法家や精神分析家に、より深い診査を勧めるでしょう。そこで求められるのは「意見」なのです。

ある症状の出現＝心理療法、別の症状の出現＝分析というかたちで自動的に決まってくるわけではありません。その子どもに関する治療の指針が有用であるのかどうかがコンサルテーションによってはっきりと浮かび上がってくるでしょう。たとえば、夜驚症（夜中、パニックになって泣き叫ぶ子ども）の問題があるからといって、必ずしも分析を受ける必要があるわけではありません。悪夢というのは、心の消化不良のようなものです。子どもに情緒的な食事を与え、情動の重荷を軽くすれば、ほとんどの場合、問題は解決します。子どものちょっとした病気や病理は、その多くが自然に現れては消えてゆくものなのです。

一方、固定化した症状のなかには、専門家の介入を必要とするような形ではっきりと現れる障害もあります。

ここで、年齢層（大まかに述べれば、児童と青年）に分けて、成人の分析がしばしばそのように理解されているように、抽象的で論理的‐合理的なコミュニケーション水準に基づくと思われる治療に頼るべきか、あるいはよりシンプルなものが適切であるのかどうか、自問することは役に立つかもしれません。

これは実に重要な問いです。というのも、私たちの見解では、分析はシンプルであるべきだからです。成人の分析も児童の分析も違いはなく、情動や情感に関して絶対的に**シ・ン・プ・ル・な・も**

☆01（訳註）　Quintus Fabius Maximus Verrucosus Cunctator〔紀元前275-203〕は、共和政ローマの政治家、将軍。主要政務官を歴任し、第二次ポエニ戦争で活躍、持久戦略でハンニバルを苦しめ、「ローマの盾」と称された。なお、持久戦略をファビアン戦略（フェビアン戦略）、特に暴力革命やプロレタリア独裁などに ↗

のであるべきだからです。成人の場合、シンプルさを追求することは、精神分析家のキャリアにおいても、患者にとっても、到達し難い地点なのです。

児童の場合、普通はより簡単です。子どもの分析という大冒険は、その大部分がメラニー・クラインの発見――実際のところ遊びは夢と等価である――から始まりました。確かに、子どもとの治療作業は、推論を巡らせておこなわれるものではなく、本質的には遊び、すなわち分析家自身が参加する遊びなのです。患者は、知らず知らずのうちに、遊びを通じて、心的機能やその機能不全、問題、苦しみ、みずからの内的世界の要素をめぐる表象を設定します。

この遊びという活動に参加することで、分析家は、子どもと一緒に、その子が舞台に置くものとの関連において解決策やはけ口や変形をうまく見出します。このようなことが起こっている際、幼い患者は、自分が「ごっこ」のかたちで何を示しているのか知りませんし、遊びを通して分析家から提示されることになるリアルな手応えに気づいていません。

子どもの分析で用いることができる別の道具も存在します。それは描画です。児童は、その絵（できるだけ自発的に描かれた）が自身の内的世界の状態、分析家との関係性の状態、みずからの内的世界で起こっていること、阻害されていること、あるいは阻害されていないことを上演している、とはまったく気づかないままに描くことができるのです。

このように、私たちの手許には、絶対的にシンプルな手法がふたつあります。それは、遊びと描画という、方向性を指し示す必要がない手法です。これが本当であるならば、自発的な遊びや描画ができる状態になれば、それらは児童分析の主な道具となるのです。確かに、児童は、プロセスの展開や変形の発生をまったく理解していません。子どもの認識では、自分は絵を描いている、あるいは遊び相手となる人物と一緒に遊んでいるのです。

夢という古典的な道具も存在しているのですが、通常であれば児童は夢を報告するよりも、絵を描いたり、話したり、遊んだりすることを好みます。必要とあれば、児童は、日常生活や学校での出来事、夢のなかの出来事でさえも報告することができます。分析家は、込み入った話をしたり頭でっかちなコメントをしたりするのではなく、むしろ、できるだけシンプルな形で児童と相互作用しなければなりません。そうすることで、児童の言葉は、その子の苦しみに理解を伝え、なによりも、その子の問題を解決するような道具となりうるのです。

その際、精神分析的なものである必要はなく、さまざまなアプローチをとりうることは、理にかなっています。ただし、精神分析的なアプローチは、高度な専門的訓練を受けた人物が用いることで、症状を超えて問題とその根源の実態を見抜くことができるという強みをもっているでしょう。

例を挙げましょう。

夜尿症（括約筋のコントロールができるようになったにもかかわらず、おねしょをしてしまう子ども）です。興味深い問題なのですが、分析において、その症状は決まって別のなにかの表現であると判明します。ある十二歳の児童を例にして見ていきましょう。この子は、この症状を通して何を話しているのでしょうか？　おそらく、抑えきれないような情動のある面が「逃げ出す」、排出されるということを言っているのでしょう。そうすると、問題はもはや夜尿症ではなく、「この人物が自身の情動状態をコンテインできるようにするには、どうすればよいのか」ということになります。そして、これは当面の問題を解決するうえで不可欠な要素となるでしょう。

頭痛や不登校あるいはそれと似た問題など、一過性のささいな症状であれば、分析する必要はないでしょう。ところが、もっと組織化されたものへ方向転換しうるような苦しみを示すのならば、治療が必要となるでしょう。深刻な病気に発展し得る拒食症の症状が現れた場合や、病理的な兆候がないにもかかわらず日常生活や他児との遊びや学習が妨げられるような強迫行為が生じた場合には、適切な治療というかたちをとった介入が必要となります。

一過性でない躁的な儀式（どのような子でも一過性のものは呈する――タイルの目地を踏まないように歩くとか、就寝前や試験前などの不安に陥る前にするささやかな儀式など）が登場し、勉強したり友人をつくったり一緒に楽しんだりすることができなくなったら、すぐに介入しないわけにはいきません。あるいは、クモやイヌなどに対する単一の恐怖症ではなく、たとえば汚れに対して深刻な恐怖症を呈しており、それで生活が制限されている場合には、介入が必要です。認識障害の現象（聞こえるはずのない声を耳にしたり、ありもしないものを見たりすること）を経験している子どもであれば、言うまでもありません。

青年の事例にも同じようなことが言えます。青年たちが体験する生理的な不調は、わざわざ分析家に頼らなくても、親がきちんと見守り、問題をモニターし、よく考え、解決できるように手助けするだけで十分です。ただし、青年の日常生活を苦痛に満ちたものにする症状が固定化される恐れがあれば、話は別です。解決策があるのに、青年たちを苦しめてしまうのは気の毒なことです。数回のセッションで十分な場合もあり、期間に長短がある、いわゆるコンサルテーションで十分かもしれません。

ところが、パニック発作や拒食症、重篤な強迫症状や抑うつ症状が見られるような病状のいくつか、つまり精神病性の破綻の恐れを示す兆候が見られる場合には、より注意を払う必要があります。このような場合、事態の悪化を防ぐために、迅速な介入が必要となるでしょう。

つい先ほど、ある一定の時期に青年たちはうつ病を経験することも多いと触れました。では、児童のうつ病にはどのような症状や兆候があるのでしょうか？

ちなみに、うつ病は人生でもっとも共に過ごすことが多い伴侶でもあります。付け加えますと、**精神的健康は軽い抑うつ状態との境界線上に存在することが多い**ようです。

軽度の抑うつは、多くの人びとにとって当たり前の状態です。この状態に耐え難いゆえに、世間が提供する（幸いにも）抗うつ薬を試してみる人もいます。ところで、うつ病とはいったい何なのか、成人の場合、青年の場合、児童の場合、どのようなかたちで現れるものなのでしょうか？

児童の場合、朝に起きたくない、疲れている、学校に行きたくない、などの明白なかたちで表現されます。ある幼い患者は、まっすぐに8が書けず、「横倒し」して無限大の記号（∞）でしか書けませんでした。この兆候に含まれる抑うつ的な感情価を把握することによって、初めて問題解決につながるでしょう。時折、子どもは、遊びの活動低下を示したり、ある種の無気力や倦怠感を覚えたりするかもしれません。さらに、抑うつの身体的等価物、すなわち、うつの病状であるとはなかなか実感しにくい「仮面うつ病」が表現されることもあるでしょう。抑うつの等価物の例としては、頭痛や、原因不明の発熱があります。

では、児童の精神分析と成人の精神分析では、大きな違いがあるのでしょうか？ 答えははっきりと「ノン」です！ 言葉遣いに使い分けはあります。成人の場合には、言語的なコミュニケーション、児童の場合には遊びや描画が用いられます。児童分析も、成人の分析とまったく同じように「考え、感じ、夢見るための道具」の開発が重視されます。心を種々の発達段階で理解するのではなく、「コミュニケーションの可能性が膨らむ様子を捉える」分析モデルにおいて、これはとりわけ顕著な視点です。

さらに、児童分析のおかげで、あらゆる年齢層において、人間関係の前言語的で原始的な水準に接近できるようになります。サロモンソンによる最近の研究（Salomonsson 2014）によれば、前代未聞の（母親の存在という手助けを借りた）生後数ヵ月の乳児の治療法という可能性が示されています。

第6章

精神分析はひとつなのか、それともたくさんあるのか？

精神分析の世界に足を踏み入れると、さまざまな学派や理論的方向性が同じ傘下に置かれている事態に気づき、懐疑論に傾きがちでしょう。この精神分析モデルの大混乱（バベル）は、分析家に科せられた十字架です。時折、精神分析の「共通基盤」というテーマを文献上で見かけます。視座が複数存在しているという事態は、ある人にとっては科学的貧困の証左であり、別の人にとっては豊かさの印となります。

精神分析に対する批評家——時には支持者も含みますが——のなかには、精神分析の概念やモデルの歴史について最新情報を得る努力を怠り、最低限の知識を身につけることさえせずに、旧態依然の着想や原理に立脚して、最近の動向を等閑に付しています。つまり、こういう人たちは、さながら時間が止まった永遠の次元に身を委ね、明らかにそこで安穏と過ごしています。

そうではなく、さまざまな視座があるにしても、現在において最先端にあるものから出発するほうが正しいのではないでしょうか。他の科学分野、たとえ人間科学であってさえも許されないようなことが、どうして精神分析では横行しているのか、理解に苦しみます。

無意識というバベル *babele*

しかし時には、順風満帆である印象を受け、きれいさっぱり事態が進行しているという印象を抱くことがあるのも事実です。これは正しくもあり間違ってもいますし、その学問分野の性質に左右されるものです。どうしてでしょうか？　それは、精神分析が人間の精神というもっとも複雑なものを研究対象としているためです。

私たち人間には、言い表しようがないけれども、それでも直接的ではなく「音楽的」で芸術的なかたちでとりあげてモチーフとして練り上げる必要がある側面が存在しています。この観点に立てば、精神分析の偉大な著者たちは、端的に作家でもあるのです。彼らは世界を創造しています。研究対象をめぐって、みずからの主観性でフィルターをかけた考えを示してくれます。

少なくとも、このような審美的ないし直観的な部分においては、フロイトの精神分析も、クライン、ウィニコット、ビオンらによる精神分析も、まったくの「時代遅れ」になることはありえないでしょう。これらの複数の視座はすべて、詩が宿す多義性や絵画の様式にあるように、肯定的な観点から捉えることができるでしょう。

そこには、フロイトが示した夢の世界への魅惑的な旅（たとえ、いまとなっては、夢の光景の一部始終を患者に連想させるような体系的要請を出さなくなったとしても）、出生と同時に強迫的に意味を求める小さな怪物を主役とするクラインのホラー「映画」、ウィニコットによる単純さと不穏なまでの独創性の驚くべき混合、「インド人」ビオンが考案したある種の公式に宿る啓発的な逆説性などがあります。

これらがなければ、私たちは精神分析の没個性的なエスペラント語[☆01]に帰着してしまうのではないでしょうか？　そのような事態は、望ましいことでもなければ、実現可能なことでもありません。私たちが精神分析をますます極端に論理的かつ合理的で「科学的な」ものとして位置づけるようになれば、それは本末転倒でしょう。ひょっとすると、治療においてもっとも重要となるのは、言葉で表現しにくい要因、いわゆる非特異的な要因なのかもしれません。

したがって、精神分析は、それが一種のばかげた「神経精神分析」によって歪められない限り、中庸の芸術であり、今後も残りつづけるでしょう。結局のところ、厳密な科学のデータを糧にしているという点で、精神分析と医学は同じですが、治療それじたいはどちらかといえば芸術に属するのです。うまくいけば、ある分野に関心を寄せる研究者のコミュニティで、幅広いコンセンサスを得ることができるようなガイドラインをつくれるでしょう。

とはいえ、課題も残されています。すなわち、精神分析のすべてのモデルがなぜ「真理」という概念を中心に据えるのか、相当に首尾一貫して説明できなければなりません。

私見ですが、このような事態が起こるのにはさまざまな理由があります。それはおそらく、ビオン派やウィニコット派や関係論という種々の精神分析のおかげで、私たちが広範な認識論の枠組のなかで明確に考えることができるようになったためでしょう。

☆01（訳註）　Esperantoは、いかなる母語の使い手であっても意思疎通できるように開発された人工言語である。ここでは、さまざまな創造者の考えを人工的にひとつのものに統一してしまうことで、それぞれの分析的専門用語が持つ多義性や豊かさ、分析というパーソナルな意味を見い出す作業がもたらす豊かさを、無味乾燥としたものにしてしまう、という比喩で用いられている。したがって反バベル的な思想が、このエスペラント語には含まれている。

もっとも重要な創造者たちは、精神分析理論に特異なよじれを加えました。精神分析運動の黎明期にあって、フロイトが異論や反論に対して不寛容であったことがその一因でした。やがて、ユング、アドラー、ライヒなどの優秀な弟子が離反し、それぞれの学派を立ち上げました。また、フェレンツィのように、IPAに留まりながらも辺縁に追いやられた者もいました。さらに、メルツァーやビオンのように、晩年を迎えてから精神分析インスティテュートを離れた者もいました。

さて、ここで、現代シーンの一翼を担っている精神分析の動向について概略図を描いてみましょう。

まずは、母体となる国際精神分析協会です。同協会は、一九一〇年にフロイトがニュルンベルグ国際大会の折に設立しました。二〇一三年から二〇一七年までの四年間では、イタリア人分析家であるステファノ・ボロニーニが会長に選出されましたが、現在でも約一万二〇〇〇人の会員を抱えており、とりわけその多くがアメリカやヨーロッパにいることを、お伝えしておきましょう。

近年であれば、アジア諸国（韓国・中国・日本・インド）はもちろん、中東諸国（イラン）も加わっています。ベルリンの壁が崩壊してからは、東ヨーロッパやロシアで精神分析が活気を帯びて復活してきました。

新しいコモン・グラウンドに向けて？

権威ある分析家でIPA元会長であるオットー・カーンバーグは、最近の論文〔Kernberg 2011〕で、自我心理学、きら星のような関係論の集まり、イタリアのポスト・ビオン派（！）の名前を列挙しています。これが最初のオリエンテーションとしては妥当なリストであるとして、よくよく調べてみると、さらに細分化でき、第二級・第三級の違いが浮かび上がってきます。いずれにせよ、インターネット、国境を越えた交流の激増、学術大会、学術雑誌の国際化（特に『国際精神分析誌』）によって、新しい「コモン・グラウンド」を築くための条件が整いつつある印象を受けます。

ある意味では、自我心理学でさえも関係モデルに急接近しています。いつもながら、通時軸と共時軸の両方から連続性と非連続性の要素を捉えることができます。たとえば、フロイトは心的現実と転移を「発見」しました。クラインはその地理を描き出し、人類学者よろしくそこに住まう先住民を特定し、無意識的幻想という概念で体系的な探検に乗り出しました。ビオンは、この心というものをバイパーソナルないし集団的なものへ拡張し、分析家の主観性を取り上げました。ビオンやウィニコットによって、心の理論は、強固な**社会の理論**となりました。

ここで、イタリアの精神分析の伝統について紙幅を割くことにしましょう。

↘ 上げる姿勢、つまり長時間上方を仰いで頸部を反らせる姿勢のために頸動脈が圧迫され、脳への血流が阻害されることによって起こるものと考えられている。

イタリアにおける精神分析

「イタリアを旅行するとなると、なかなか期待どおりにはいかないもので、苦労が絶えません」〔Freud 1999, p.1253, trad. nostra〕――この引用は、フィレンツェにほど近いトッレ・デル・ガッロ（またの名をガリレイの塔 *Torre di Galilei* と呼び、その科学者が晩年を過ごしたヴィラが近くにあります）にいたフロイトが一八九六年九月七日に妻のマルタへ宛てた手紙からとられています。この手紙は、ワシントン議会図書館のジークムント・フロイト資料室長ハロルド・ブルーム〔Blum 1999〕が近年発見したものです。

この書簡のなかでフロイトは、イタリアの鉄道の劣悪さ、郷土料理のすばらしさ、景観の美しさ、そしてイタリアの至るところに芸術作品が溢れている様子について言及しています。「記念建造物が通りにひしめいています。歴史の記憶に溢れていて、もはやそれらを識別することもままならない状態」〔ivi, pp. 1253-4, trad. nostra〕という表現は、スタンダール症候群[☆02]をいくらか先取りしています。この症候群は、現代人の理解するところでは、審美的情緒に鋭敏な観光客が患うものとされています。

同じく、ガリレオの天文台に魅了されていたフロイトが、自身と科学者ガリレオを同一視していたことは想像に難くありません。この建物は一部が博物館に改装されており、フロイトは所有者から三部屋借りて、弟のアレキサンダーと一緒に滞在することにしました。

☆02　Stendhal syndromeとは、芸術作品を鑑賞した際に動悸や目眩といった症状が起こる症候群である。フランス作家スタンダールがイタリア旅行記で、フィレンツェはサンタ・クローチェ聖堂にあるジョットのフレスコ画を見上げた際にこれらの症状を経験したこと、そしてイタリア観光客にしばしばこのような症状が生じることから、イタリアの精神科医グラツィエラ・マゲリーニによって名づけられた。近年ではひとつの仮説として、芸術品を見 ↗

「この驚嘆もあと三日しか続きません。金曜日には帰路の報せをお伝えしますが、おそらくこの旅を通して私たちはあらゆる罪を贖うことになるでしょう」〔ivi, pp.1255, trad. nostra〕——このようにイタリアを罪とやましい喜びと結びつける皮肉な表現は示唆的です。フロイトがイタリアを無意識の座として捉えていた心境がここにいくらか示されています。

アントニエッタとジェラール・ハダッド〔Antonietta and Haddad 1995〕は、無意識とエディプスを発見するうえでイタリアが特別な役割を演じたと仮定し、それがまさに自己分析と最初のイタリア旅行の年になされたと述べています。美と官能の地は、フロイトにとって禁じられた場所たる母親の身体を表していたのでしょう。フロイトの妻マルタ *Martha* と母アマーリア *Amalia* の名前を圧縮した「イタリアを愛する *Amar Italia*」☆03 という表現や、長いあいだフロイトをローマ *Roma*（逆から読めば愛 *Amor* であり、まるで催眠術にかかったように、数日間、終日かけて彼はその地形を研究していました）から遠ざけるような制止の存在から、彼女らの主張は支持されるものでしょう。

しかし、フロイトが「グランド・ツアー *Grand Tour*」☆04 や近親姦空想のなかで、イタリアに大きな「愛」〔ラカン〕や「情熱」〔ゲイ〕を感じていたことは、その度重なる旅行（二〇数回も！）によって証明されています。

それにもかかわらず、この「美しき国」での精神分析の浸透は、一連の付随する特定要因によって遅々として進まず、むしろはっきりと「不快」なものとなりました。

まず、カトリック文化は——ガリレオの革命的な説に対してもそうであったように——フロイトの唯物論、ダーウィン的な思想の痕跡、いわゆる汎性愛性を根拠として、精神分析を長らく禁書目録に位置づけていました。

☆03 「アマール・イタリア」は続けて発音すると「アマルタリア」となる。

↘ フロイトの時代にはヨーロッパ全域を旅先とし、見聞を広める意義がある程度の階層にまで拡大していた。中島〔2020〕によれば、グランド・ツアーが文化形成の一大要因となったのはイギリスであり、次第に制度化された形態になっていったという。——参考文献：中島俊郎〔2020〕『英国流旅の作法：グランド・ツアーから庭園文化まで』講談社。

また、前世紀最大のイタリア人哲学者ベネデット・クローチェとその弟子ジョヴァンニ・ジエンティーレが表明した哲学的観念論は、科学研究を活気づける実証主義的精神や心理学を貶しめ、美学的で史学的な知識を優先させました。そして、犯罪人類学の始祖であるチェーザレ・ロンブローゾは「心的退廃」の徴候（スティグマ）を身体的特徴に求めており、当時の精神医学の有機体論を支配的に方向づける存在でした。

その後も精神分析の普及は妨げられました。精神分析の受け入れは、当初こそ曖昧であったけれど、イタリア社会がファシスト時代に入ったことで文化的な四面楚歌に陥り、次第に、受け入れ難いものへ変わりました。また、第二次世界大戦終了後、マルクス主義に影響された一部の政治的・文化的勢力によって、精神分析がブルジョワ的で非合理的かつ抽象的なものであると見なされて拒絶されたことも関係しています。

イタリアにおける精神分析の玄関口がトリエステであった事情は、すぐにおわかりでしょう。この地が辺境都市であり、中央ヨーロッパ人、スラヴ人、イタリア人、ドイツ人、加えてユダヤ人などが多く住んでいる場所であり、オーストリア＝ハンガリー帝国に欠かせない領土であり、一九一八年まではその港として機能していたためです。一八七六年、ウナギの生殖腺の研究（それを最初の学術論文として報告することになりますが）のために、設立されたばかりの生物実験所に、ウィーンの医学部三年生だった若き日のフロイトが数ヵ月間奨学生として滞在したことは、数奇な巡り合わせでしょう。

イタリアに精神分析という「疫病*peste*」をばら撒いた「ペスト塗り」☆05エドアルド・ウァイスは

☆04　イタリア語ではGran Turismoと表記される。「ヨーロッパ大陸巡遊旅行」とも。17世紀にはこの言葉が使われていたが、ここではとくに、18世紀、一部の貴族や富裕層にのみ許されていたイタリア旅行を指している。グランド・ツアーは「目に見えないアカデミー」〔中島 2020〕であり、当時の知識人はもちろん、貴族や富豪の若者たちにとっても、人文主義的で芸術的な教育の総仕上げとして敢行されるような必須カリキュラムであった。↗

トリエステ出身でした。一八八九年に生まれたヴァイスは、ウィーンで医学および精神医学を学び、フロイトと接触し、パウル・フェダーンから分析を受け、一九一三年にはＩＰＡとウィーン精神分析協会の会員となりました。

ジェイムズ・ジョイスは、三十八歳になる一九二〇年七月にこの都市を去るまでの十六年間、滞在し、この青春時代に初期の作品をすべて執筆・出版しており、このトリエステの雰囲気のなかで『ユリシーズ』の第一挿話を書いています。

ジョイスは、ヴァイスの弟オットカロやイタロ・ズヴェーヴォ（エットレ・シュミッツ）と知り合い、一九〇七年半ばからズヴェーヴォの英語の個人教師を務め、その後も親交があったことがわかっています。ズヴェーヴォは、精神分析に着想を得た世界文学の傑作のひとつ『ゼーノの苦悶』の著者であり、ジュゼッペ・ベルトの小説『癒えざる病』やフィリップ・ロスの『ポートノイの不満』のモデルとなった人物です。

最後になりますが、トリエステには、二十世紀前半のイタリア最大の詩人のひとりであるウンベルト・サバが住んでいましたが、彼もまた精神分析と出会い、サン・ラッザーロ通の八番地にあったヴァイスのオフィスで彼から分析を受けて影響されていました。

一九三一年には、フロイトの序文つきでヴァイスの『精神分析の要素』が出版されました。そして、ヴァイスは自身の手で、一九三二年十月一日にローマでイタリア精神分析協会 *Società italiana di psicoanalisi: SPI* を再建しました。一九二五年時点でアブルッツォ州のテーラモにおいて、ＳＰＩの名誉会員レーヴィ・ビアンキーニがすでに協会の最初の定款を提案し、三年後にそれをＩＰＡ

☆05　17世紀のペスト流行の折、ミラノで「ペストの毒を含んだ油を家の門や壁に塗って病気を蔓延させた」という嫌疑を受けた人物を指す。

に受理させていました。この新しい協会は短命に終わりました。

一九三四年には、わずか二年で『イタリア精神分析誌』が廃刊に追い込まれましたが、ジョーンズの報告によると〔Jones 1953, p.219〕、これは明らかに、カトリック教会の直接的な干渉によるものでした。一九三八年には人種法が公布され、精神分析は「ユダヤ人の学問」として非難され、協会は解散しました。一九三九年から一九四五年にナチス占領から解放されるまで、イタリアに精神分析は存在しないものとなりました。一九三九年、他のヨーロッパ人の分析家と同じく、ヴァイスはシカゴへ渡米し、亡命を余儀なくされました。一九七〇年までシカゴで過ごし、長きにわたってフランツ・アレキサンダーとともに仕事をしたのでした。

一九四七年、イタリア精神分析協会は再編され、正式に再出発しました。その前年には「攻撃性」(!)をテーマにした第一回大会がローマで開催されていました。一九五五年から、協会の機関誌『イタリア精神分析誌』が再刊されるようになりました。一九六四年当時、SPIには二七名の正会員と、ほぼ同数の準会員がいました。今日では、正会員や、さまざまなカテゴリーの候補生を含めると、その数は約千人にまで及びます。


戦後のイタリア精神分析の代表者たちは、ヴァイスの教え子たちが中心でした。そこに含まれているのは、アブルッツォ州出身のニコラ・ペロッティ、ローマのエミリオ・セルヴァディオ、ヴェネツィアのチェーザレ・ムサッティ、トマージ・ディ・ランペドゥーサ家の王女であるアレクサンドラ・ヴォルフ・ストメルジーなどです。ここでイタリア初期のフロイト派分析家たちの出身地を明記したのは、イタリアにおける精神分析の発展——いわば「旅」——を理解するうえで、地方性が説得力のある鍵となりえるからです。

その旅路のひとつが、遠く離れたロシアから始まる道です。皇帝ニコライⅡ世の宮廷高官の娘であるアレッサンドラ・トマージ・ディ・ランペドゥーサは、二十歳を迎えるまでサンクトペテルブルクで過ごし、ベルリンのカール・アブラハムが指導する精神分析インスティテュートで訓練を受けました。一九三四年には、ルキーノ・ヴィスコンティの傑作映画の原作となった小説『山猫』の作者である後夫[☆06]が居を構えるパレルモに移り住みました。トリエステとは半島の反対側に位置するパレルモにこの魅力的な国際人がいたことから、同地はもうひとつの「精神分析のメッカ」となり、ビオンの名を広めて集団研究の扉を開いたフランチェスコ・コッラオをはじめとする優秀な分析家が育つ土壌となったのです。

前世紀後半、イタリアの精神分析は、すでに述べたような数字の面での成長だけでなく、文化の面でも成長を遂げました。フロイトの理論はますます社会に浸透し、ほとんど「流行(モード)」となりつつありました。精神分析家たちは多くの抵抗を克服することに成功しましたが、その成功も完璧ではありませんでした（ことによると、この事実を精神分析のしつこい「きな臭さ」、過激性、有効性の指標として受け止めても、それは望ましいことではないでしょう）。

米国において優勢であったのと同じように、しばらくの時期は自我心理学が席巻していました。さらに時が流れると、別の勢力も加わってきます。ロンドンで修行を積んだ多くの分析家たちが、メラニー・クラインやアナ・フロイトの考え方を導入しました。また、ラカンの思想を中心としたグループも成立しました。ビオンやその後のメルツァーはイタリアでセミナーを

☆06　Giuseppe Tomasi di Lampedusa〔1896-1957〕のこと。シチリア島パレルモで、両シチリア王国の副王を務めたこともある由緒ある貴族の名家出身。ダンテやプルーストなどの文学に親しみ、シチリア文学の礎を築いた大物である。唯一の長編小説『山猫』はジュゼッペ本人を取り上げている自伝的作品である。

開き、その足跡を残しました。チリ出身のマッテ・ブランコは、一九六六年にローマに定住し、影響力のある人物となりました。

しかし、一九六〇年代から一九七〇年代にかけては、ある種の貴族主義がＳＰＩ内に根強く存在しており、次第に大学や精神科施設だけでなく、別の協会やＩＰＡそのものからも孤立を深めていきました。

近年になって、とりわけ心理療法家の養成に関する法律が制定されたことで、状況は一変しました。ＳＰＩは会員数を大幅に増やし、大都市だけでなくイタリア全土に一一のセンターを置き、科学分野、教育、文化生活全般において羨むほどの活力を見せつけています。実際、なによりも同じ科学的・文化的遺産を共有することで、関係組織の意見交換がずっとうまくいくようになるものです。

用語解説

アルファ機能　*Alpha function / Funzione alfa*　【p.11】

ベータ要素をアルファ要素に変形するための心的機能を指しますが、その作用についてはほとんどわかっていません。要するに、いったん象徴的に登録された際に、その体験を意味づけるような心の能力なのです。子どもの場合、母親やその代理者（養育者）からしか、この能力を得ることができません。

アルファ要素　*Alpha elements / Elementi alfa*　【p.12】

心のアルファ機能によって、ベータ要素（原感覚）が変形された産物です。アルファ要素（表象）は記憶に蓄積され、相互に結びつき、夢思考がもたらされます。

覚醒夢思考　*Waking dream thought / Pensiero onirico della veglia*　【p.59】

ある見方をすれば、これはコロンブスの卵です。人間は起きていても夢を見ている、と昔から知られていました。たとえば、デカルトやバロック時代の偉大な文学者たちは、実は夢を見ている最中に起きているのではないだろうか、とさえ考えていました。フロイトは、夢を心的生活のモデルの中心に据えました。自由連想法は、無意識へ至らせるべく人びとに夢を見させている、ある種の催眠誘発の手法にほかならないものだったのです。ただし、夜と昼の夢のあいだに本質的な連続性が存在するという考え方が、新しい精神分析のパラダイムと新しい治療技法構築の理論的基礎となったのは、ビオンの場合だけです。

コンテイナー／コンテインド　*Container/contained; Contenitore/contenuto*　【p.85】

ビオンが考案した独創的な公式を指しています。この公式は、ふたつの用語の交わりが有する本質と性質を表しており、シンプルかつ実体験と見事に対応しています。具象的関係（♀♂——ビオンは女性と男性の記号を用います）の例として、口／乳首、ヴァギナ／ペニス、集団／個体、母／子などがあげられます。コンテイナー／コンテインドの関係は、常に多重かつ交互的であり、最小の相互作用の水準さえも考慮に入れると、実質的には無限に存在するでしょう。赤ん坊は口に乳首をコンテインし、その乳首はミルクをコンテインしており、その間、赤ん坊は母親の腕のなかに抱えられています。これらのいずれも、自分を支えて維持してくれるような広範な文脈のなかで存在しているというわけです。このように、♀♂は、きわめて強力で汎用性の高いツールであるため、当然と言えば当然のことでしょう。投影同一化の概念と引き寄せて考えると、ビオンが選んだ記号からもわかるように、性のメタファーとして、あるいは消化器官としての心のメタファーとして、生まれ変わるのです。あまりに多くの内容が不十分な容器に押し込められたり、逆に、無限の容器が内容に形（意味）を与えることができなかったりすると、何が起こるのか、見当がつくことでしょう。

主体　*Subject / Soggetto*　【p.18】

哲学分野で長い歴史をもつ言葉であり、一般には（思考を考えることができる）自意識を有した存在としての個人の本質を意味します。フロイトは、古典的な（デカルト的な）主体の概念に対して、その限界を強調する形で痛烈な批判を仕掛けました。つまり、無意識の生活が担う範囲が重要であるため、フロイトは、自我は自分の家の主人ではないと宣言したのです。

消極的能力　*Negative capability / Capacità negativa*　【p.13】

ビオンが用いた表現で、分析家が予見された意味を請求に求めず、患者の話に耳を傾ける能力を指しています。反対に、逆説的に、**記憶すること**、なにかを**欲望すること**、**理解すること**を放棄すべきなのです。この公式の狙いは、患者と分析家が分析のなかで経験する無意識的な情動体験を直観するためにはどのような心境が最適であるのかを示すことにあります。これは、分析家が、自らの注意を自由に、平等に漂わせて患者の話に耳を傾けるべきであることを言い直したものです。この表現は、もはやフロイト派にはないもの、つまり新しい理論的枠組みにある別のニュアンスを帯びています。

神経症 *Neurosis / Nevrosi* 【p.17】
精神病のような重篤な症状を呈さず、現実との接点を失っていない種別の心的障害を指します。それはたとえば、強迫神経症、恐怖症、ヒステリー、不安神経症などです。神経症は、欲望と防衛の心的葛藤から発生します。症状は、この葛藤を象徴的な形で表現したものです。

精神病 *Psychosis / Psicosi* 【p.8】
精神病とは、心の病気であり、主体が現実との接点を部分的ないし全体的に喪失している状態を指します。典型的な場合、幻覚・妄想、すなわち誤認や誤解が一過性ないし慢性のものとして発生することがあります。精神病の例としては、パラノイアや統合失調症があります。

選択された事実 *Selected fact / Fatto scelto* 【p.13】
注意を喚起したり、ときにはきわめて唐突に、患者と分析家との関係で起こっている事象を無意識の情動レベルで意味づけるようなことを可能にする要素を指します。すなわち、驚きであり、クライン派の用語で言うと妄想分裂ポジション（PS）から抑うつポジション（PD）へ、すなわち、経験を意味づけることができないために抱く迫害感から、明快かつまとまりをもった意味に遭遇したという情感なのです。しかし、新しい意味に到達するためには、そのつど、わからないという印象を拭えない瞬間を繰り返さなければなりません。このサイクルは無限に反復される運命にあります。

対象　*Object / Oggetto*　【p.51】

精神分析では、大半の場合、「対象」という言葉は、主体である個人が性的対象や愛情対象などとして関係を有する人物を指しています。したがって、一般に、日常語としての「モノ」の意味はありません。欲動は対象のなかにその目標、すなわち自らの満足を求めます。メタ心理学は、その純粋な思弁的性格と臨床上の経験とが相対的にかけ離れているために、分析家同士のあいだでも激論が交わされています（実際、それぞれの著者たちが各々にある程度自らの理屈を構築しているため、正確に述べるならば、複数のメタ心理学と言うべきでしょう）。

妥協形成　*Compromise formation / Formazione di compromesso*　【p.130】

無意識に由来する超自我の作用を受けるために個人が抑圧を余儀なくされる心的内容は、症状として意識に再浮上する傾向があります。しかしながら、心的防衛が干渉することによって、この内容はもはや認識できないような歪んだ形でしか生じ得ません。このとき、そのような内容は、典型的に妥協形成を示しており、換言するならば、禁じられた無意識的欲望の表現とその充足、および防衛の必要性という双方の要素を同時に表しているのです。同質のものとして、夢の要素や無意識の産物などがあります。

手続き記憶　*Procedural memory/ Memoria procedurale*　【p.150】

この表現は、言語的意味（意味や言語）や表象（さまざまなイメージ）としてではなく、運動性や情動のパターンとして蓄積されている記憶を指す際に用いられます。そのため、沈黙の痕跡であり、無意識的・潜在的・非伝記的・非宣言的な「暗黙の」記憶形式なのです。過去に経験したことの結果であり、自転車に乗る、テニスをする、楽器を演奏するなどの行為で表現されることがほとんどです。

転移　*Transference / Transfert*　【p.53】

患者は、まるで幼少期の父親や母親に対するように分析家のことを憎んだり愛したりします。子どもの頃に抱いていたのと変わらない情熱を分析家に充当するのです。これが転移（あるいは移動、ドイツ語ではÜbertragung）です。これは、ある状況から別の状況への無意識的かつ恣意的な情感の置き換えです。もっと正確に言えば、不快な衝動、情感、思考に影響していて、禁じられて遠くに抑圧されてきた欲望と結びついているのです〔Le Guen 2008〕。当初、フロイトは、転移を病理的過程と考え、痛みを伴う自己理解のための苦行、克服すべく挑まなければならない抵抗であると述べていました。彼は、社会的地位の低い人との結婚を意味するフランス語を使って、転移を不釣り合いな結婚 *mésalliance* と記しましたが、その後、考えを改めます。一九一二年、「精神分析を実践する医師への勧め」〔Freud 1912――正しくは1914〕で、フロイトは転移を分析の〝中間領域 *regno di mezzo / Zwischenreich*〟、すなわち病理と現実のあいだにあるものとして言及したのです。転移は「人工物」です。見方によっては、代用品、手段、錯覚です。転移は、中間域として、仮想的で束の間の「アリーナ」ですが、まさにそれゆえに〝介入しやすく〟無限の変形の場となりうるとフロイトは説明しています〔Freud 1914〕。のみならず、時が経つにつれて、フロイトはもっと踏み込んで、転移の真実性と本来性も認めるようになりました。いささか強迫的で病理的な愛が現れるとすれば、それは正常な愛よりも妄想的であるからにほかならないのです。それと同じく、両価的であり、さらには幼児的原型をなぞることもまた多いのです。いずれにしても、転移を取り扱うことは、科学実験室で爆発物を扱うようなものでしょう。

投影 *Projection / Proiezione* 【p.53】

「投影」は日常用語にもなっていますが、超自我にとって好ましくなく、自分のものとして認めたくないような心的内容（情感や欲望など）を排除し、他者に帰属させようとする個人が抱く無意識的空想のことです。そのため、過剰な情動的負担から精神（サイケ）を解放する働きをする防衛機制なのです。その代償として、これらの内容は、その後、実際の現実として主体に戻ってきます。

投影同一化 *Projective Identification / Identificazione proiettiva* 【p.11】

投影同一化という概念は、メラニー・クラインによって生み出されたもので、単純な投影とは対照的に、主体が他者を内側からコントロールするために、自らを部分的ないし全体的に他者のなかへ押し込む（ゆえに「同一化」なのですが）空想が展開するという発想を強調しています。両者の区別は微妙なもの、ないしはほとんど存在しないように思えるでしょうが、フロイトとクラインがそれぞれに表現した精神内的（イントラサイキック）な視座と早期関係性の視座を重視する異なる精神分析モデルと関連づけてみると、重要な意味をもつでしょう。事実、この概念は、その後、ますます間主観性の色彩を帯びていき、もっと明確化されていきます。ビオンは、この考えを個人間の正常なコミュニケーション様式として、病理的であるばかりではなく、生理的な心的機序と見なしています。さらに、オグデンは、主体による純粋な空想の範囲内に収まる現象ではなく、投影された内容を他者に受容させようとするリアルな対人間（インターパーソナル）の圧力を伴うことを強調し、この様相を重視しています。

平等に漂う注意　*Evenly suspended attention / Attenzione fluttuante*　【p.156】

フロイトは、平等に漂う注意*attenzione uniformemente fluttuante*という概念を作り出して、分析家の理想的な傾聴の姿勢を示しました。この姿勢は、evenly suspended attentionと英訳されていますが、この定義づけをイタリア語に照らし合わせて‘attenzione uniformemente sospesa’と訳出されることもあります。どのようにしてこの用語は成り立っているのでしょうか？　分析家は、患者の話の特定の要素をア・プリオリに順位づけることなく耳を傾け、独自の意味効果、シニフィアンの戯れ、あらゆる種類や性質の予期せぬ出来事に対してなんらかの形で驚きを体験するように自身を開かれた状態にしておきます。これが無意識を働かせるやり方であり、ここからもわかるように、フロイトにとって無意識とは、口に出せないような卑猥な物事が隠されている船底というだけにとどまらなかったのです。これは、一見すると不要なもの、取るに足らないものに対して、ある程度の余裕を与えるための手法であることは明白です。弛まぬ努力を払うべき目標であることも明白ですが、完全に達成することはおそらく不可能な姿勢でしょう。フロイトの考えがラカン派の精神分析において特別な意味を有するのは、それが無意識の機制とランガージュの機制を密接に等しく結びつけていたためです。

ベータ要素　*Beta elements / Elementi beta*　【p.12】

主体のアルファ機能によってアルファ要素（主としてイメージ）に変形されるのを待っている原感覚や原情動を指します。一連の外的刺激と内的刺激から受ける影響をうまく「消化」できないと、ベータ要素は蓄積し、さまざまな症状や病理が引き起こされます。このようにして、ビオンは、ベータからアルファへの変形を消化過程になぞらえています。また、彼がこれらの要素をアルファベットで表現することを選んだのも重要で、経験を理解するための人間らしい方法、つまり言語と関係していることを彷彿とさせます。

メタ心理学　*Metapsychology / Metapsicologia*　【p.10】
意識的経験を超えたところにあるために観察不能な心的機能を描写するための理論の複合体のことであり、さまざまな精神分析モデルがそれぞれに携えています。メタ心理学に含まれているのは、心が領域、審級、欲動、エネルギーの流れ、防衛機制などに構造化されているという仮説です。

妄想分裂ポジション　*Paranoid-schizoid position / Posizione schizoparanoide*　【p.14】
抑うつポジション（PD）と同じく、クライン派の精神分析に由来する概念です。ふたつの本質的な様相を示すために用いられます。一方は、機能的／力動的な種別を示し、迫害感や無秩序な感覚が、現在の経験を理解する可能性を圧倒している心的構造の状態を指します。もう一方は、発達的／構造的なもので、乳児が対象を良い対象と悪い対象に分割して認識する心的発達のある段階（生後四ヵ月）を指しています。悪い対象から攻撃され、破壊されてしまうことを恐れて、不安や迫害感が蔓延しています。

夢作業　*Dream work / Lavoro del sogno*　【p.59】
ドイツ語の Traumarbeit は、フロイトが指摘した夢の構造に作用する修辞的機序を指す用語として多く使われています。それらはすなわち、圧縮 *Verdichtung*、置き換え *Verschiebung*、表現可能性への顧慮 *Rücksicht auf Darstellbarkeit*、二次加工 *sekundäre Bearbeitung* です。夢の活動は、眠りを妨げかねない夢の潜在思考を覆い隠すことで、妨げとなる内容を取り除いた顕在映像へ変換します。ところで、夢見手の連想を扱うことで、この夢作業を逆行させて、潜在内容に働きかけることも可能になるのです。圧縮とは、隠喩のように、ひとつのイメージが複数のイメージの合成を表象することを意味します。置き換えとは、あるイメージから別のイメージへの充当（ある表象から別の表象へとすり抜けることが可能と思われるエネルギー）が移動することを指しています（換喩に相当します）。形象性あるいは「表現可能性への顧慮」とは、主として視覚像への変形を意味します。二次加工とは、全体に一定のまとまりとわかりやすさを与える最後の編集過程のようなものです（これによって白昼夢の性質へと近づいていくのです）。

抑うつポジション *Depressive position / Posizione depressiva* 【p.14】

妄想分裂ポジション（PS）と同じく、クライン派の精神分析に由来する概念です。ふたつの本質的な様相を示すために用いられます。一方は、機能的／力動的な種別を示し、心的統合の過程で原始的な万能感が薄れて「抑うつ」感情が蔓延するような心的構造体を指しています。もう一方は、発達的／構造的なもので、良い対象と悪い対象が同一対象であると悟り、悪い対象に向けていた攻撃に自責の念を抱くようになる心的発達のある段階（一歳半ばくらい）を指しています。そして、攻撃されることを恐れることから、対象を失うことを恐れるようになり、その対象はいまや「全体」対象となっています。このように抑うつポジションという概念が示すプロセスは、両価感情の克服に関わっています。

抑圧 *Repression / Rimozione* 【p.48】

主体の欲動やその他の欲求（もっぱら道徳的性質を有する）と葛藤するような特定の心的内容（思考、イメージ、記憶）を維持ないし無意識化する操作を指します。そのため、不快や苦痛を齎しかねない要素を取り除くための方途と言えます。しかし。これらの要素は不活性なままであるわけではなく、心的生活に影響を及ぼしつづけます。典型例を述べると、抑圧された要素は、意識に戻らんとするあまり、症状という形をとって立ち現れてきます。ありふれた一般例としては、言い間違いや、失策行為（抑圧された表象のコンプレックスによって引き起こされる行為の誤り）などです。

欲動　*Drive / Pulsione*　【p.8】

フロイトの精神分析理論（エネルギー＝欲動論）で基本となる概念でしょう。欲動 *Trieb* とは、身体をその源泉として、発生した緊張を緩和するという目標 *meta* を達成するために、ある対象を求めるという心的衝迫を指します。基本として、身体的プロセスであり、そこから心的な興奮が表象と感情という形で生じ、それをなだめる（ないし満足させる）ことを目的とした行為の実行につながるものです。欲動はさまざまな運命をたどります。つまり、抑圧を受けたり、反対物に変形されたり、昇華されたりするでしょう。欲動は、与えられる刺激に対して示される生得的で、固定的・自動的な反応を指す「本能」の概念とは区別して考えられるべきです。むしろ、欲動は、身体に根ざしていながらにして、精神（サイケ）に「代表」を送り込み、その確立に寄与するという点で、人間が有する文化的性質の表現でもあります。精神（サイケ）を圧迫して身体的興奮を変形させ、その圧力とともに精神（サイケ）の分化を促すという考え方がここにはあります。主要な欲動は、攻撃的な性質のものと性的な性質のものに分けられます。

リビドー　*Libido*　【p.11】

ラテン語で「欲望」を意味する libido sexualis の短縮形を指します。フロイトは、この言葉を、性欲動の心的表現（〝性欲動の心的生活における力動的顕現〟）を示す用語として使っています。リビドーは、有機体を目標に向かわせる衝迫、すなわち、身体的興奮に由来する緊張を解放させることが可能な対象を求める衝迫としての性欲動の強度を示す指標となります。

推薦図書☆01

◆精神分析の誕生について、次の書籍を推薦します。レオン・シェルトークとレイモン・ド・ソシュールによる著書『精神分析学の誕生――メスメルからフロイトへ』〔岩波書店、一九八七年〕、アンリ・エレンベルガーによる著書『無意識の発見――力動精神医学発達史』〔弘文堂、一九八〇年〕です。

◆入手しやすい精神分析史に関する著書は次のものがあります。シルヴィア・ベジッティ・フィンツィによる『精神分析の歴史――一八九五年から一九八五年までの著者・著作・理論』(Mondadori, 1990) やアントニーノ・チョッカによる『精神分析の歴史』(Il Mulino, 2015) です。

◆フロイトの伝記は数多く存在しますが、ピーター・ゲイの手になる『フロイト1・2』〔みすず書房、一九九七／二〇〇四年〕やアーネスト・ジョーンズによる『フロイトの生涯』〔紀伊國屋書店、一九六九年〕があります。

◆フロイトの書簡集として、ジェフリー・M・マッソンが編纂した『フロイト フリースへの手紙――1887-1904』〔誠信書房、二〇〇一年〕や、ウィリアム・マクガイアーとウォルフガング・ザウアーレンダーが編集した『フロイト=ユンク往復書簡 上・下』〔講談社、二〇〇七年〕を読まれるとよいでしょう。

◆フロイトの著作であれば、『夢解釈』をじっくり読まないわけにはいかないでしょう。『日常生活の精神病理』や「症例ドラ」〔「あるヒステリー分析の断片」〕や『精神分析入門講義』なども、ボラーティ・ボリンギエリ社刊行の廉価なフロイト著作集に収録されており、読みやすくなっています。☆02 フロイトの臨床例を読み物のように通読できる作品もあります。二〇一一年、エイナウディ社の権威あるミレニアム・シリーズから『分析短編集』と題して、マリオ・ラヴァジェットが編集出版したものがそれです。

◆メラニー・クラインの入門として、ハナ・シーガルの『クライン』(Fontana, 1979) やフィリス・グロスカースによる『メラニー・クライン――その世界と研究』(Harvard University Press, 1986)、最後にジュリア・クリステヴァの『メラ

☆01 読者がアクセスしやすいよう、邦訳が存在する場合は翻訳書の情報に、原著が英語である場合は英語の情報に置き換えている。

☆02 日本では、岩波書店「フロイト全集」や人文書院「フロイト著作集」、日本教文社「フロイド選集」に収録。

ニー・クライン――苦痛と創造性の母親殺し』〔作品社、二〇一三年〕を推薦します。

◆ドナルド・ウィニコットの『子どもと家族とまわりの世界上・下』〔星和書店、一九八五／一九八六年〕は必読文献です。

◆ウィルフレッド・R・ビオンの場合、優れているものの難解な著者なので、きっと臨床セミナーから手をつけるのがよいでしょう。『イタリアン・セミナー』(Routledge, 2005) と『タヴィストック・セミナー』〔岩崎学術出版社、二〇一四年〕があります。また、レオン・グリンベルグ、ダリオ・ソール、エリザベート・タバク・デ・ビアンチェディによる『ビオン入門』〔岩崎学術出版社、一九八二年〕や、ジョーン・シミントンとネヴィル・シミントンの『ビオン臨床入門』〔金剛出版、二〇〇三年〕もお薦めです。

◆精神分析と哲学の関係については、モーリス・メルロ=ポンティ (2014/2)、マルティン・ハイデガー (2015/4)、ルートヴィヒ・ウィトゲンシュタイン (2016/3) をとりあげた『精神分析評論 *Rivista di psicoanalisi*』の各種小論をご覧ください。精神分析と文学の関係については、アッリーゴ・スタラ著『文学と精神分析』(Laterza, 2001)、ミシェル・ダヴィド著『イタリア文化における精神分析』(Bollati Boringhieri, 1966) を参照ください。

◆精神分析の用語や概念を探るうえで便利な辞書や辞典も存在しています。ジャン・ラプランシュとジャン=ベルトラン・ポンタリスによる『精神分析用語辞典』〔みすず書房、一九七七年〕やクロード・ル・グエンの『フロイト辞典』(Borla, 2013) があります。

◆精神分析の手引きとしては、次のものを推薦します。アントニーノ・フェッロ編『現代の精神分析』(Carocci, 2013) と『現代の精神分析臨床』(Carocci, 2016)、アンソニー・エリオットとジェフリー・プレイジャー編『ラウトレッジ版社会科学と人文科学における精神分析ハンドブック』(Routledge, 2016) です。

◆分析フィールド理論については、次のような書籍があります。アントニーノ・フェッロ著『子どもの精神分析における技法　子どもと分析家――関係性から情動フィールドへ』(Cortina, 1996)、『分析室にて――情動・語り・変形』(Cortina, 1996)、『情動を避けること、情動を体験すること』(Cortina, 2007) などです。また、ジュゼッペ・チヴィタレーゼによる『親密な部屋――分析フィールドの理論と技法』(Borla, 2008) や『情動の暴力――ビオンとポスト・

ビオン派精神分析』（Cortina, 2011）、『感覚と無意識』（Borla, 2014）もあります。共著として『分析フィールドとその変形』（Cortina, 2015）、ジュゼッペ・チヴィタレーゼとモンタナ・カッツ、ルーズベルト・カッソルラ編『現代精神分析フィールド理論の展開——概念と未来の発展』（Routledge, 2016）もあります。ほか、モンタナ・カッツ『精神分析フィールド理論入門——三つのモデルの臨床例から理解する』〔岩崎学術出版社、二〇二二年〕も〔——訳者追加〕。

◆ 一九三二年にエドアルド・ウァイスによって創刊された季刊誌『精神分析評論』と一九四八年にニコラ・ペロッティが創刊した年二回刊行『プシケ *Psiche*』があります。一方、『国際精神分析誌 *International Journal of Psychoanalysis*』は、国際的に見ても突出して権威のある雑誌です。

◆ **SPIWEB**（http://www.spiweb.it）、**IPA**（https://www.ipa.world）、**ilcampoanalitico.it**（http://www.ilcampoanalitico.it）、**IFTA**（http://www.internationalfieldtheoryassociation.com）など、情報・資料を求めて訪問する価値のあるサイトがあります。

文　献

Assoun, P.-I. (2002), *Le vocabulaire de Freud*, Ellipses, Paris.

Aulagnier, P. (1975), *La Violence de l'interprétation: du pictogramme à l'énoncé*, Presses Universitaires de France, Paris (trad. it. *La violenza dell'interpretazione*, Borla, Roma 1994).

Barthes, R. (1977), *Fragments d'un discours amoureux*, Éditions du Seuil, Paris (trad. it. *Il discorso amoroso. Seminario a l'École Pratique des Hautes Études 1974-1776, seguito da Frammenti di un discorso amoroso (inediti)*, Mimesis, Milano-Udine 2015).　桑田光平監訳（2021）『恋愛のディスクール――セミナーと未刊テクスト』水声社

Bion, W.R. (1955), The Development of Schizophrenic Thought, in *Second Thoughts*, Heinemann, London (trad.it. *Analisi degli schizofrenici e metodo psicoanalitico*, Armando, Roma 1970).　中川慎一郎訳（2006）「統合失調症的思考の発達」『再考』金剛出版

Id. (1962), The Theory of Thinking, in "International Journal of Psycho-Analysis", vol. 43 (trad.it. Una teoria del pensiero, in *Analisi degli schizofrenici e metodo psicoanalitico*, Armando, Roma 1970).　中川慎一郎訳（2006）「考えることに関する理論」『再考』金剛出版

Id. (1965), *Transformations*, Heinemann, London (trad.it. *Trasformazioni. Il passaggio dall'apprendimento alla crescita*, Armando, Roma 1973).　福本修訳（2002）「変形」『精神分析の方法Ⅱ：セブン・サーヴァンツ』法政大学出版局

Id. (1992), *Cogitations*, Karnac, London (trad. it. *Cogitations-Pensieri*, Armando, Roma 1996).

Bion W.R. & Rickman, J. (1943), Intra-group Tensions in Therapy: Their Study as the Task of the Group, in "The Lancet", 242,

678-82.

Bird, B. (1972), Notes on Transference: Universal Phenomenon and Hardest Part of Analysis, in “Journal of the American Psychoanalytic Association”, 20, 267-301.

Bléandonu, G. (1990), *Wilfred R. Bion: la vie et l’oeuvre, 1897-1979*, Paris, Dunod (trad.it. *Wilfred R. Bion. La vita e l’opera (1897-1979)*, Borla, Roma 2000).

Blum, H.P. (1999), Reflections on Freud’s Letter from Florence, September 7, 1896, in “Journal of the American Psychoanalytic Association”, 47, 1249-52.

Bollas, C. (1987), *The Shadow of the Object: Psychoanalysis of the Unthought Known*, Columbia University Press, New York (trad.it. *L’ombra dell’oggetto. Psicoanalisi del conosciuto non pensato*, Borla, Roma 1989).　館直彦監訳（2009）『対象の影――対象関係論の最前線』岩崎学術出版社

Borges, J.L. (1944), *Ficciones*, Editorial Sur, Buenos Aires (trad.it. *Finzioni*, Einaudi, Torino 1995).　鼓直訳（1993）『伝奇集』岩波書店

Chetrit-Vatine, V. (2012), *La séduction éthique de la situation analytique. Aux origines féminines maternelles de la responsabilité pour l’autre*, Presses Universitaires de France, Paris.

Civitarese, G. (2008), *L’intima stanza. Teoria e tecnica del campo analitico*, Borla, Roma.

id. (2011), Caesura come il discorso di Bion sul metodo, in *La violenza delle emozioni. Bion e la psicoanalisi postbioniana*, Cortina, Milano.

Derrida, J. (1967), *De la grammatologie*, Les Éditions de Minuit, Paris (trad.it. *Della grammatologia*, Jaca Book, Milano 2006).
足立和浩訳（1984）『グラマトロジーについて――根源の彼方に』上／下、現代思潮社

Edelman, G. (1992), *Bright Air, Brilliant Fire: On the Matter of the Mind*, Basic Books, New York (trad.it. *Sulla materia della mente*, Adelphi, Milano 1993).　金子隆芳訳（1995）『脳から心へ――心の進化の生物学』新曜社

Ellenberger, H.F. (1970), *The Discovery of the Unconscious: The History and Evolution of Dynamic Psychiatry*, Basic Books,

New York (trad.it. *La scoperta dell'inconscio*, Boringhieri, Torino 1976).　木村敏・中井久夫監訳（1980）『無意識の発見――力動精神医学発達史』上／下、弘文堂

Ferro, A. (1992), *La tecnica nella psicoanalisi infantile. Il bambino e l'analista: dalla relazione al campo emotivo*, Cortina, Milano.

id. (a cura di) (2013), *Psicoanalisi oggi*, Carocci, Roma.

id. (a cura di) (2016), *La clinica psicoanalitica oggi*, Carocci, Roma.

Freud, S. (1892-5), Studien über Hysterie (trad.it. Studi sull'isteria [in collaborazione con Josef Breuer], in *Opere, vol. i*, Boringhieri, Torino 1980).　芝伸太郎訳（2008）「ヒステリー研究」『フロイト全集２：一八九五年』岩波書店

id. (1895), Entwurf einer Psychologie (trad.it. Progetto di una psicologia, in *Opere, vol.ii*, Boringhieri, Torino 1984).　総田純次訳（2010）「心理学草案」『フロイト全集３：一八九五－一八九九年』岩波書店

id. (1909), Über Psychoanalyse (trad.it. Cinque conferenze sulla psicoanalisi, in *Opere, vol.vi*, Boringhieri, Torino 1975).　福田覚訳（2007）「精神分析について」『フロイト全集九：一九〇六－一九〇九年』岩波書店

id. (1912), Ratschläge für den Arzt bei der psychoanalytischen Behandlung (trad.it. Consigli al medico nel trattamento psicoanalitico, in *Opere, vol.ii*, Boringhieri, Torino 1975, pp.532-41).　坂井俊之訳（2014）「精神分析を実践する医師への勧め」『フロイト技法論集』岩崎学術出版社

id. (1914a), Erinnern, Wiederholen und Durcharbeiten (trad. it. Ricordare, ripetere e rielaborare, in *Opere, vol.vii*, Boringhieri, Torino 1975, pp.353-61).　鈴木菜実子訳（2014）「想起すること、反復すること、ワークスルーすること（精神分析技法に関するさらなる勧めⅡ）」『フロイト技法論集』岩崎学術出版社

id. (1914b), Zur Einführung des Narzissmus (trad.it. Introduzione al narcisismo, in *Opere, vol.vii*, Boringhieri, Torino 1975, pp.195-611).　立木康介訳（2010）「ナルシシズムの導入にむけて」『フロイト全集13：一九一三－一四年』岩波書店

id. (1914c), Aus der Geschichte einer infantilen Neurose (trad.it. Dalla storia di una nevrosi infantile (Caso clinico dell'uomo dei lupi), in *Opere, vol.vii*, Boringhieri, Torino 1975, pp.487-593). 鈴木菜実子ほか訳（2017）「ある幼児神経症の病歴より」『フロイト症例論集2――ラットマンとウルフマン』岩崎学術出版社

id. (1915-7), Vorlesungen zur Einführung in die Psychoanalyse (trad.it. Introduzione alla psicoanalisi, in *Opere, vol.viii*, Boringhieri, Torino 1976, pp.36-48). 新宮一成ほか訳（2012）「精神分析入門講義」『フロイト全集15：一九一五-一七年』岩波書店

id. (1920), Jenseits des Lustprinzips (trad.it. Al di là del principio di piacere, in *Opere, vol.ix*, Boringhieri, Torino 1977, pp.193-249). 須藤訓任訳（2006）「快原理の彼岸」『フロイト全集17：一九一九-一九二二年』岩波書店

id. (1921), Massenpsychologie und Ich-Analyse (trad.it. Psicologia delle masse e analisi dell'Io, in *Opere, vol.ix*, Boringhieri, Torino 1977). 藤野寛訳（2006）「集団心理学と自我分析」『フロイト全集17：一九一九-一九二二年』岩波書店

id. (1929), Das Unbehagen in der Kultur (trad.it. Il disagio della civiltà, in *Opere, vol.x*, Boringhieri, Torino 1978). 嶺秀樹・高田珠樹訳（2011）「文化の中の居心地悪さ」『フロイト全集20：一九二九-三二年』岩波書店

id. (1986), *Lettere a Wilhelm Fliess (1887-1904)*, Bollati Boringhieri, Torino 2008. 『フロイト＝フリースへの手紙――一八八七-一九〇四』誠信書房に収録されている

id. (1999), A Letter from Freud to Martha Freud, in "Journal of the American Psychoanalytic Association", 47, 1253-5.

Ginzburg, C. (1986), Spie. Radici di un paradigma indiziario, in *Id., Miti, emblemi, spie. Morfologia e storia*, Einaudi, Torino. 竹山博英訳（1988）『神話・寓意・徴候』せりか書房

Greenson, R. (1967), *The Technique and Practice of Psychoanalysis*, International Universities Press, New York (trad.it. Tecnica e pratica psicoanalitica, Feltrinelli, Milano 1998).

Grotstein, J. (2007), *A Beam of Intense Darkness: Wilfred Bion's Legacy to Psychoanalysis*, Karnac, London (trad.it. *Un raggio di intensa oscurità. L'eredità di Wilfred Bion*, Cortina, Milano 2010).

Haddad, A. & Haddad, G. (1995), *Freud en Italie: psychanalyse du voyage*, Albin Michel, Paris (trad.it. *Freud in Italia. La psicoanalisi è nata in Italia*, Xenia, Milano 1999).

Jelloun, T.B. (2001), *Cette aveuglante absence de lumière*, Éditions du Seuil, Paris (trad.it. *Il libro del buio*, Einaudi, Torino 2001).

Jones, E. (1953), *Sigmund Freud: Life and Work*, Hogarth Press, London (trad.it. *Vita e opera di Freud*, Garzanti, Milano 1977). 竹友安彦・藤井治彦訳（1969）『フロイトの生涯』紀伊国屋書店

Keats, J. (1819), Ode on a Grecian Urn (trad.it. Ode sopra un'urna greca, in *Poesie*, Einaudi, Torino 1983). 宮崎雄行訳（2005）『対訳キーツ詩集』イギリス詩人選10、岩波書店

Kernberg, O.F. (2011), Divergent Contemporary Trends in Psychoanalytic Theory, in "Psychoanalytic Review Journal", 98, 633-64.

King, P. & Steiner, R. (eds.) (1991), *The Freud-Klein Controversies 1941-45*, Routledge, London-New York.

Klein, M. (1926), The Psychological Principles of Infant Analysis, in "*International Journal of Psycho-analysis*" (trad.it. I principi psicologici dell'analisi infantile, in *M. Klein, Scritti 1921-1958*, Bollati Boringhieri, Torino 1978). 長尾博訳（1983）「早期分析の心理学的原則」『メラニー・クライン著作集１：一九二一～一九三一――子どもの心的発達』誠信書房

id. (1932), *The Psychoanalysis of Children*, Hogarth Press, London (trad.it. *La psicoanalisi dei bambini*, Martinelli, Firenze 1970). 衣笠隆幸訳（1997）『メラニー・クライン著作集２：一九三二――児童の精神分析』誠信書房

Kojève, A. (1947), *Introduction à la lecture de Hegel*, Gallimard, Paris (trad.it. *Introduzione alla lettura di Hegel*, Adelphi, Milano 1996). 上妻精・今野雅方訳（1987）『ヘーゲル読解入門「精神現象学」を読む』国文社

Kristeva, J. (1983), *Histoires d'amour*, Gallimard, Paris (trad.it. *Storie d'amore*, Donzelli, Roma 2012).

id. (1985), *Au commencement était l'amour*, Hachette, Paris (trad.it. *In principio era l'amore. Psicoanalisi e fede*, Il Mulino, Bologna 2015). 枝川昌雄訳（1987）『初めに愛があった――精神分析と信仰』法政大学出版局

id. (2003), *Melanie Klein. La madre, la follia*, Donzelli, Roma 2006. 松葉祥一ほか訳（2012）『メラニー・クライン――苦痛と創造性の母親殺し』作品社

Kuhn, T.S. (1962), *The Structure of Scientific Revolutions*, The University of Chicago Press, Chicago (trad.it. *La struttura delle rivoluzioni scientifiche*, Einaudi, Torino 1979). 青木薫訳（2023）『新版 科学革命の構造』みすず書房

Lacan, J. (1947), La Psychiatrie anglaise et la guerre, in “L’Évolution Psychiatrique”, iii, 293-312 (trad.it. La psichiatria inglese e la guerra, in “La psicoanalisi. Studi internazionali del Campo freudiano”, n. 4, 1988, 9-29).

Lai, G. (1985), *La conversazione felice*, Il Saggiatore, Milano.

Laplanche, J. & Pontalis, J.-B. (1967), *Vocabulaire de la psychanalyse*, Presses Universitaires de France, Paris (trad. it. *Enciclopedia della psicoanalisi*, Laterza, Roma-Bari 1981). 村上仁監訳（1977）『精神分析用語辞典』みすず書房

Le Guen, C. (2008), *Dictionnaire freudien*, Presses Universitaires de France, Paris (trad.it. *Dizionario freudiano*, Borla, Roma 2013).

Levine, S.Z. (2008), *Lacan Reframed*, Tauris, London.

Milner, M. (1950), *On Not Being Able to Paint*, Heinemann, London (trad.it. *Non poter dipingere*, Borla, Roma 2010).

Nacht, S. (1962), The Curative Factors in Psycho-analysis, in “International Journal of Psycho-Analysis”, 43, 206-11.

Nancy, J.-L. (1996), *Être singulier pluriel*, Éditions Galilée, Paris (trad.it. *Essere singolare plurale*, Einaudi, Torino 2001). 加藤恵介訳（2005）『複数にして単数の存在』松籟社

Ogden, T.H. (1994), *Subjects of Analysis*, Karnac, London (trad.it. *Soggetti dell’analisi*, Masson, Milano 1999). 和田秀樹訳（1996）『「あいだ」の空間——精神分析の第三主体』新評論

id. (2008), *Rediscovering Psychoanalysis: Thinking and Feeling, Learning and Forgetting*, Routledge, New York (trad.it. *Riscoprire la psicoanalisi. Pensare e sognare, imparare e dimenticare*, cis, Milano 2009). 藤山直樹監訳（2021）『精神分析の再発見——考えることと夢見ること　学ぶことと忘れること』木立の文庫

Ricoeur, P. (1965), *De l’interprétation. Essai sur Freud*, Éditions du Seuil, Paris (trad.it. *Della interpretazione. Saggio su Freud*, Il Saggiatore, Milano 1967). 久米博訳（1982）『フロイトを読む——解釈学試論』新曜社

Salomonsson, B. (2014), *Psychoanalytic Therapy with Infants and their Parents: Practice, Theory, and Results*, Routledge, New

York (trad.it. *Terapia psicoanalitica con bambini e genitori. Pratica, teoria e risultati*, Mimesis, Milano-Udine 2016).

Searles, H. (1965), *Collected Papers on Schizophrenia and Related Subjects*, International Universities Press, New York (trad.it. *Scritti sulla schizofrenia*, Boringhieri, Torino 1974).

Steiner, J. (2016), Illusion, Disillusion, and Irony in Psychoanalysis, in "The Psychoanalytic Quarterly", 427-47.

Tarizzo, D. (2009), *Introduzione a Lacan*, Laterza, Roma-Bari.

Trotter, W. (2009), *Instincts of the Herd in Peace and War (1916)*, Cornell University Library, Ithaca, ny.

Vygotskij, L. & Lurija, A. (1984), Orudie i znak v razvitii rebënka, in *Sobranie so.inenij, vol. vi*, Pedagogika, Moskwa (trad.it. *Strumento e segno nello sviluppo del bambino*, Laterza, Roma-Bari 1997). 大井清吉・渡辺健治監訳（1987）『人間行動の発達過程――猿・原始人・子ども』明治図書

Weiss, E. (1931), *Elementi di psicoanalisi*, Hoepli, Milano.

Westen, D. (1999), The Scientific Status of Unconscious Processes, in "Journal of the American Psychoanalytic Association", 47, 1061-106.

Winnicott, D.W. (1958), *Through Paediatrics to Psycho-Analysis*, Tavistock, London (trad.it. *Dalla pediatria alla psicoanalisi*, Martinelli, Firenze 1975). 北山修監訳（2005）『小児医学から精神分析へ――ウィニコット臨床論文集』岩崎学術出版社

id. (1949), Hate in Counter-Transference, in "International Journal of Psychoanalysis", 30 (trad.it. L'odio nel controtransfert, in *Dalla pediatria alla psicoanalisi*, Feltrinelli, Firenze 1975). 中村留貴子訳（2005）「逆転移の中の憎しみ」『小児医学から精神分析へ――ウィニコット臨床論文集』岩崎学術出版社

id. (1964), *The Child, the Family, and the Outside World*, Penguin, Harmondsworth (trad.it. *Il bambino, la famiglia e il mondo esterno*, Corriere della Sera, Milano 2012). 猪股丈二訳（1985/1986）『子どもと家族とまわりの世界（上）赤ちゃんはなぜなくの――ウィニコット博士の育児講義』／『子どもと家族とまわりの世界（下）子どもはなぜあそぶの脱朱続・ウィニコット博士の育児講義』星和書店

id. (1965), *The Maturational Process and the Facilitating Environment: Studies in the Theory of Emotional Development*, Hogarth, London (trad.it. *Sviluppo affettivo e ambiente*, Armando, Roma 2015). 大矢泰士訳（2022）『完訳 成熟過程と促進的環境――情緒発達の理論の諸研究』岩崎学術出版社

id. (1971), *Playing and Reality*, Tavistock, London (trad.it. *Gioco e realtà*, Armando, Roma 1974). 橋本雅雄・大矢泰士訳（2015）『遊ぶことと現実〔改訳〕』岩崎学術出版社

id. (1989), *Psycho-analytic Explorations*, Karnac, London (trad.it. *Esplorazioni psicoanalitiche*, Cortina, Milano 1995). 館直彦ほか訳（2001）『ウィニコット著作集6精神分析的探究1――精神と身体』／北山修監訳（1998）『ウィニコット著作集7精神分析的探究2――狂気の心理学』／牛島定信監訳（1998）『ウィニコット著作集8精神分析的探究3――子どもの治療相談面接』岩崎学術出版社

言語に耳を傾けること——日本の読者に向けた解題

ジュゼッペ・チヴィタレーゼ

ビオンのような著述家およびポスト・ビオン派の《分析フィールド理論》を日本の読者に紹介するということは、ある意味、サモス島（古代に壺を大量に生産・輸出していたギリシャの島）に壺を持って行くようなものです。私がここで指し示しているのは、ある面で「ビオンの精神分析や分析フィールド理論の真髄は、東洋文化全般、とりわけ日本文化と重なる」という点です。だとすれば、その本質とはどのようなものなのでしょうか？　それは「免れんとする試み」です。すなわち、〝オリエンタル〟な形而上学的な思索、主格関係のデカルト主義、事物の意味を決定的な公式で閉じ込めようとする主張、ある種の**不合理性**を「規律正しく折り目正しく活用する」ことから逃れようとする試みなのです。

このような素朴な実証主義からの脱却こそが、ビオンの思索の核心にあるものです。

そこに底流しているのは、数多の精神分析がとりがちな「因果論」に沿った考えに向けた痛烈な批判です。つまり、「現在の分析関係を、過去のトラウマの影響と結びつけて言及する」という発想に批判が向けられています。ビオンは、頭の先からつま先まで知りたがる分析家や精神分析の傲慢さを糾弾しているのです。ビオンは、どこか捉えどころがない著述家です。彼は「経験を語ることよりも、経験を示すことのほうが重要」として、消極的能力を信として表現される事柄を大事な理（ことわり）とする著述家なのです。

このような西洋思想と東洋思想のあいだに存在する緊張関係は、ハイデガー☆01による小論「言葉についての対話」に端的に表れています。

対談には二名の話者（日本人と、問う人）が参加しています。あるとき、日本人はこう言います――「対話が本来、念頭にあるところを曖昧なままにしておく、のみならず、それを明確に規定しないところへと戻して仕舞っておくというのは、私たち日本人にはなんら違和感がありません」と。

問う人は次のように応じます。

> 思索する者のあいだで対話がうまく成就する場合、そうであるのが当然だと思います。そのような対話は、そこでの、この規定しえないものが散逸しないように、のみならず、対話が進んでゆくなかでそれのもつ凝集力をいよいよ輝かしく展開するように、あたかも、自ずから意を注ぐことができるものです。［……］知識欲や、説明を貪欲に求めるというのは、私たちをけっして、思索しつつ問うというところへ連れていってくれません。知識欲というのは、すでに隠された自己意識の慢心であるの

☆01（訳註） M. Heidegger, 1959, "Da un colloquio nell'ascolto del linguaggio", in: In *cammino verso il linguaggio*, Murisa, Milano 1999, p.92. 高田珠樹訳〔2000〕『言葉についての対話――日本人と問う人とのあいだの』平凡社，pp.34-35.

……………………

が常です。この自己意識は、自分で理性や理性的であることなどを案出しておいて、それを引き合いに出すのです。知識欲は、思索されるべき威厳を備えたものに耳を傾けるということを欲しないのです。

ビオンには「分析家は記憶なく、欲望なく、理解なく耳を傾けなければならない」という誤解されやすい訓戒がありますが、同じような実例が、ここに表れています。要するに彼は、空の美学を主張し、言語という経験の中心を、語ることよりも、黙ること・聴くことに据えているのです。日本の能（表象の反現実性）が、演者のわずかな仕草や身振りが備える喚起的価値を高め、夢への扉を開いてゆくように、ビオンが示唆する**無手**の状態は、通常であれば目で見ることができない秩序へ接近するための方途なのです。

私たちにとって、目で見ることができないものの秩序とはどのようなものでしょうか？　まず第一に、生そのものです。私たちは所与の空間のなかで起こる出来事を、客観的に観察しているつもりですが、実際のところ、生と世界の流れに浸っている私たちには、観察する視点が皆無なのです。私たちにとっての生の一部には、言語が存在しています。私たちは個人として言語を生み出して押し広げることに貢献していますが、それと同時に、言語は私たちを生み出しており、私たちが言語をコントロールすることはできません。他者のものでありながら、あらゆる主観性が必要としている前提条件のように認識されているこの世界に対して、私たちは、超越論的存在の次元、間主観性、無意識などの名前をつけようと絶えず試みてきました。

日本文化とビオンの思索を結びつける重要な側面はほかにもあります。それは、美学に焦点を当てている点です。日本文化は、私たちも身体的な志向性によって世界を知り、身体的な志向性を通じて私たちが「美的」世界、すなわち感覚と情動が織り成す世界を移動している点を、ほかのどの文化よりも熟知しています。基底となる間身体性とは、ほとんどの人たちに共通する物事が交渉される次元を指します。日常のささやかな仕草の美学に注意を払うかたちで、心的主体は記号論的空間のなかで生を受けて（生きて）いるという事実を記憶にとどめています。

分析フィールド理論では、多くの場合、解釈は、日常のささやかな仕草のように、抑え気味の単純さを帯びています。しかしその解釈は、全体に対する深い直観の表現としての意図をもたされています。つまり、もはや大袈裟なものでもありませんし、ラベルを貼り付けるようなものでもありません。解釈の中間休止 *cesure* によって壊されることがなく、流動的な分析関係の関与として機能する没入感は、やはり同じように、語る必要性よりも、示す必要性に符合します。

そのため、共通する特徴はある種の暗示性であり、専門的に述べるならば、不飽和な解釈と呼ばれるものです。さらに言うならば、無意識を解釈で癒すというよりも、他者と「幸せな」会話をすることのほうが良いのです。情動的共奏から新しい間主観的な道筋が編み出され、それによって心的成長が促されるのです。要するに、プロブレム・ソリューションではなく、調律 *attunement*（あるいは、一致 *at-one-ment*）なのです。

本書の著者のひとり（ジュゼッペ・チヴィタレーゼ）が文学の英雄的著者の万神殿のなかにいつもロラン・バルトを入れているのは偶然ではありません。精神分析に造詣が深いバルトは『表徴の帝国』☆02という名著を書きました。同書は、物体や習慣、通りや顔、動きや儀式などを背景とする日常の美学を綴ったものです――「記号は最終的にはシニフィエを指し示さないので、空虚なのことです。〔……〕日本では〔……〕記号の連鎖を停止させる至高のシニフィエはありませんし、かなめ石もありません、それで記号は繊細に、たいへん自由に成長することができるのです」。

ビオンと禅の悟りとの接点は、西洋神秘主義の思索的伝統、たとえばよく引用されるエックハルトの神秘主義です。エックハルトのそれは、神不在の神秘主義です。そして、探究と執筆の「無目的論的」緊張関係にあり、いかなる代償を払ってでも真実を哀しみ、知識の名の下に支配関係を確立することを暗に放棄しています。

日本では、俳句という文化が対応しているのは

> 実体としてではなく、偶発事として事物を把握する働き、冒険〔……〕の輝きのなさ〔……〕に犯された言語のこれまでの外縁をもつ主体を打ち破ること、すなわち「出来事を前にしての覚醒」にほかならない。〔……〕これは、俳句の時間が主語をもたない、からである。読書は俳句の総体以外に「自我」をもたない。その「自我」は、終わる事のない屈折を辿る俳句の読書の場以外のなにものでもない。〔……〕こういう事情であるため、俳句は、私たちの身の上に決して訪れることのなかったものを、私

☆02 R. Barthes, 1970, L'impero dei segni, Einaudi, Torino 2002, p.96.〔正しくはLe grain de la voix: 訳者〕 松島征・大野多加志訳〔2018〕『声のきめ――インタビュー集1962-1980』みすず書房, pp.136-137.

たちに思い出させる。俳句のなかに私たちは、根源をもたぬ反復、原因のない出来事、人間のいない記憶、錨索を離れた言葉を認識するのである。[☆03]

また、バルトの著述[☆04]は精神的な絆の間主観的構築に基づくものとして捉えることができ、治療作用に関する爽快な理論でもあるのです。精神的な絆の間主観的構築とはすなわち、基本的に（構造的に）愛の絆を指しています。

美女は明らかに野獣を愛してはいない。しかしながら、最後には征服され（何によってかは重要ではない。彼女が野獣とした対話によってということにしておこう）、魔法の（そして探し求められた）言葉を口にする。「野獣よ、私はあなたを愛しています」すぐさま、野獣は毛皮を脱ぎ捨て、美男の領主が現れる。

K（知識）の変形と（体験を介した）Oの変形の対比は、知識の所有を目指す思考と、知るという体験を目指す思考とを区別する別の例と言えるでしょう。要するに、多数の接点が存在するのです。東洋思想がフロイトの精神分析に与えた影響について示す文献は厖大に存在します。けれども、ビオンやポスト・ビオン派の《分析フィールド理論》ほど、その類似性が相当に緻密で、ほとんど作法から逸脱しない考えはないように思えます。

☆03 Ibid., p.92.〔正しくはL'impero dei segni: 訳者〕 宗左近訳〔1996〕『表徴の帝国』筑摩書房, pp.123-125.

最後になりますが、分析的に耳を傾ける際に私／あなたの分割を克服し、私たちへ移行する点についてだけ触れておきましょう。

分析フィールド理論は、これまで以上に、精神分析をもてなしの技芸とする機会を与えてくれています。この理論は、悪へ誘うあらゆる素質をその内容とする地獄のような場所として無意識を捉えるフロイトの概念化から、情動体験を意味づける「パーソナリティの精神分析的機能」として無意識を捉える概念化への移行を取り上げています。

換言すると、古典的な精神分析に典型的である疑り深い耳[☆05]の傾け方を脇に追いやるということです。その耳の傾け方とは、罪悪感を刺激する解釈、卑屈な道徳主義、陰湿な教育学などを指しています。

そのために存在するのが、〈フィールド〉という概念や〈私たち〉という考えです。分析的カップルは、存在するべく自己解釈に終始するふたりの「小グループ」であると考えられます。分析家の意識的なリーダーシップは、前行的なものであれ退行的なものであれ、グループのなかで起こっている雰囲気の変化を把握し、必要とあらばそれを変えようとする役割を果たします。

例を挙げましょうか。情動の砂漠が広がっているのであれば、分析家はいわゆる雨乞いの踊りを実行しなければならないのです！　実のところ、エズラ・パウンド[☆06]と同じなのですが、もうひとつの重要な概念は「情動を伴わない知性はない」というものです。ビオンの考えでは、情

☆04　R. Barthes, Il discorso amoroso. Seminario a l'École Pratique des Hautes Études 1974-1776, seguito da Frammenti di un discorso amoroso (inediti), 2007, Mimesis, Milano-Udine 2015.　桑田・桑名・鈴木・須藤・内藤・平田・本田・宮脇訳〔2021〕『恋愛のディスクール——セミナーと未刊テクスト』水声社, p.261.

動は、母子で交流される最初の「概念」の形態として分析の中心に再び据えられています。

精神分析におけるあらゆる概念は、患者とその人生を「遠ざけ-ない *dis-allontanare*」（ハイデガーを借りると、距離を取り去ること *un-distancing or di-stancing*）☆07機能を有しており、分析家を近づける働きをします。そうすることで、分析家は患者を観察して、直接的に知ることができます。手近なものが私たちにとってもっとも重要なのです。

私たちという視座は、患者と分析家をもっとも近づけるものであり、無意識のコミュニケーションの水準においてはその関係性を可能なかぎり対称的なものとするものです。このように、この視座はより多くのデータを、その視座を抜きにしては入手困難なデータを手に入れるためのツールとして機能します。

簡単に例をいくつか挙げてみましょうか。

患者から夫婦療法を受けることにしましたと言われると、つながりの治療の新しい機能がようやく分析フィールドに入ったと考えることができます。つまり、これまで手付かずで未解決であった分析的カップルの問題（!）を解決する特別な空間に私たちは立ち入ったのです。

スーパーヴィジョンで分析家が最終的には患者と「対面で会った」と言えば、オンラインでもそれが起こった（あるいは起こらなかった）ものとして考えることができます。つまり、ともに見た夢の話のように、その寓話的・隠喩的な意味を、無意識の水準や実際の出来事と関連づけて把握しながら、そのコミュニケーションに耳を傾けるのです。

☆05　P. Ricoeur, 1965, Dell'interpretazione. Saggio su Freud, Il Saggiatore, Milano 2002. 久米博訳〔2005〕『フロイトを読む——解釈学試論』新曜社, 参照.

☆06　E. Pound, "T. S. Eliot". Poetry: A Magazine of Verse 10 (August 1917), 264-71.　永川玲二訳〔1959〕『T・S・エリオット』（エリオット選集 別巻）弥生書房, pp.11-22.

結論として、ビオンと《分析フィールド理論》は、こころの苦しみを治療するもっとも倫理的で効果的なかたちで精神分析を存続させるうえで、並外れた貢献をしていると思います。その特徴は、一方では臨床活動に注力している点――抽象化することはあっても、取り扱いしやすい治療手段を導き出すための常道としてであって、それ自体が目的化することは断じてない――であり、他方では間テクスト的対話――哲学、文学、美学、神秘主義、認識論などを交えて――に適している点です。

精神分析が高尚な学問分野であるのは、こころの痛みを和らげることを扱うだけでなく、フロイト[☆08]が付帯*Junktim*と呼ぶ〝理論と実践の結合〟に忠実であるためです。私たちを人間たらしめているものの本質について、ほかの学問分野では同様には語ることができないほどに、ユニークな事柄を精神分析は語ることができるのです。

☆07　G. Civitarese, Intercorporeity, Un-distancing and Aura in Teleanalysis, The Psychoanalytic Quarterly, 2023, in press. 参照

☆08　S. Freud 1926, The Standard Edition of the Complete Psychological Works of Sigmund Freud 20: 177-258, p.256.　石田・加藤訳〔2010〕「素人分析の問題」『フロイト全集19：1925-28年』岩波書店, 参照。――「精神分析では最初から治療と研究とが密接に結びついていた。何かがわかると治療がうまく行き、治療をすれば必ず何か新しいことがわかった。新たな解明がなされたときには必ず、治療に良い結果がもたらされた。私たちの精神分析の方法は、この貴重な相乗効果がいまなお続いている唯一の実例なのである。私たちは精神分析的司牧を行ってはじめて、いまようやくわかりかけてきた人間の心の生活の理解をさらに深めることができる。このような学術的な収穫が見込まれるということは、精神分析作業のもっとも重要で、かつもっとも喜ばしい特徴だった」〔邦訳：pp.196-197〕。

監訳者あとがき

本書は、ジュゼッペ・チヴィタレーゼとアントニーノ・フェッロによる*Un invito alla psicoanalisi* (Roma: Carocci, 2018) の全訳です。こちらは、最近、国際的に注目されている新理論〝精神分析的フィールド理論〟を牽引している二名の分析家による精神分析臨床の入門書です。日本でイタリア語から訳出された精神分析の文献は本書が初めてなのではないでしょうか。その意味でも、本書は日本の分析シーンで稀有な存在です。そこで日本語の書名は『もうひとつの精神分析入門――こころというフィールドとの出会い』としました。かなり入口を広くとっている入門書であるため、脈々と引き継がれている古典理論はもちろん、最新理論も学べてしまうという、恐ろしいほど充実した内容となっています。ぜひ、お楽しみくださいませ。

フロイトの記した至言――Traduttore, traditore（翻訳者は反逆者）――にもありますが、翻訳はとても苦労させられる仕事です。訳出している最中は「もう嫌だ、もうやりたくない！」と悪態をついています。ところが、終わってみて、書籍として形になってみると「次はこれを訳したいな」など思っているわけです。

本書は、「精神分析に関心があるけれど、どこから手をつけていいかわからない」という初学者から、「最近、耳にする〝フィールド理論〟とは何ものだ?」と思っているベテラン層まで、多くの臨床家の役に立つでしょう。本書を読んで関心が増した方がたには、『精神分析フィールド理論入門』(モンタナ・カッツ著、岩崎学術出版社)や『物語と治療としての精神分析』(アントニーノ・フェッロ著、金剛出版)に進んでいただけると、より理解が深まります。本書を手に取る多くの読者と同様に、まだまだ日本の分析サークル自体が〝フィールド理論〟に入門している最中です。皆で盛り上げてまいりましょう。

訳出にあたっては、英訳版 *A Short Introduction to Psychoanalysis* (London: Routledge, 2020) も参照しました。各章の担当者が英語版をもとに日本語の下訳を作成し、それらの用語や表現を一致させながら筒井がイタリア語の原著から訳出しました。イタリア語版と英語版で若干の異同がありましたが、その都度、原著者に問い合わせながら訳文を作成しました。

邦訳上の疑問に対して、丁寧にご回答いただいた著者のジュゼッペ・チヴィタレーゼ博士にお礼申し上げます。日本に好意的な博士は、本書の邦訳刊行を非常に楽しみにされていました。お待たせしてしまい申し訳ない気持ちでいっぱいですが、なんとか出版にこぎつけることができて安堵しております。

本書はイタリア外務・国際協力省の翻訳助成金を受けて翻訳されました（Questo libro è stato tradotto grazie ad un contributo alla traduzione assegnato dal Ministero degli Affari Esteri e della Cooperazione Internazionale italiano.）。不案内なこちらの質問にも丁寧にお答えいただきました、担当の稲田周子様に心より感謝いたします。

また、この翻訳企画（しかもイタリア語から！）に身を乗り出してくださった木立の文庫の津田敏之さんにも深謝の念です。遅々として進まない訳業を適切なタイミングで促してくださいました。さらに、一部の原稿にコメントをしてくださった館直彦先生にも感謝します。

最後になりましたが、家族にも感謝します。ここ数年、翻訳を含めた書きもの仕事を家庭というフィールドに持ち込んでいるため、そこには不穏な空気が漂いがちです。それでも温かく見守ってくれているように思います。ありがとうございます。

二〇二四年三月　雨音が三寒四温をやさしく包む午後に

筒井亮太

訳者紹介

川﨑俊法　かわさき・としのり

大阪大学人間科学研究科博士後期課程単位取得退学。臨床心理士、浄土宗教師。現在、たちメンタルクリニック・上本町心理臨床オフィスに勤務。他に児童福祉施設、スクールカウンセラーとしての臨床経験がある。

担当章: 第2章／第4章／用語集

淺田慎太郎　あさだ・しんたろう

甲南大学人文科学研究科博士後期課程単位取得退学。臨床心理士、公認心理師。現在、自立準備ホームNPO法人風の家理事、たちメンタルクリニック・上本町心理臨床オフィスに勤務。神戸松蔭女子学院大学(院)、ノートルダム清心女子大学非常勤講師。

担当章: 第1章／第6章／用語集

早瀬三喜　はやせ・みき

関西大学大学院心理学研究科修了。臨床心理士、公認心理師。現在、たちメンタルクリニック・上本町心理臨床オフィス、精神科クリニック、総合病院に勤務。他に大学心理相談室、児童家庭支援相談センター、スクールカウンセラーとしての臨床経験がある。

担当章: イントロダクション／第3章／用語集

檜山 笑　ひやま・えみ

神戸松蔭女子学院大学大学院文学研究科修了。臨床心理士、公認心理師、日本精神分析学会認定心理療法士。現在、たちメンタルクリニック・上本町心理臨床オフィスに勤務。他に小児科、精神科病院での臨床経験がある。

担当章: 第5章

監訳者紹介

筒井亮太　つつい・りょうた

関西大学大学院心理学研究科修了。臨床心理士。

現在、たちメンタルクリニック・上本町心理臨床オフィス勤務。

著書に『トラウマとの対話』共編著〔日本評論社, 2023〕、『寄り添うことのむずかしさ』共著〔木立の文庫, 2023〕などがある。訳書には、ボウルビィ『アタッチメントと親子関係』〔金剛出版, 2021〕、ドゥシンスキーほか『アタッチメントとトラウマ臨床の原点』〔誠信書房, 2023〕、ペダー『アタッチメントと新規蒔き直し』〔みすず書房, 2023〕、カッツ『精神分析フィールド理論入門』共訳〔岩崎学術出版社, 2022〕、ボラスほか『こころの秘密が脅かされるとき』共訳〔創元社, 2024〕などがある。

担当章: 日本語版への解題／推薦図書

著者紹介

チヴィタレーゼ，ジュゼッペ　*Civitarese, Giuseppe: 1958-*

イタリアのパヴィアで個人開業を営む精神科医であり、精神分析家。イタリア精神分析協会*SPI*所属の訓練分析家でありスーパーヴァイザー。国際精神分析協会*IPA*と米国精神分析協会*APsaA*の会員でもあり、SPIの機関誌『精神分析誌*Rivista di Psicoanalisi*』の編集者である。朋友のフェッロとの共著が多く、文学や映画など芸術の造詣が深い。精神科医を目指したきっかけにはフランコ・バザーリアの影響があるとのこと。2022年にシガニー賞を受賞。

フェッロ，アントニーノ　*Ferro, Antonino: 1947-*

イタリアのパヴィアで個人開業を営む精神科医であり、精神分析家。イタリア精神分析協会*SPI*所属の訓練分析家で、スーパーヴァイザーであり、2013年から2017年には同協会の会長を務めた。国際精神分析協会*IPA*と米国精神分析協会*APsaA*の会員。子どもの精神分析を専門としており、早くから南米のバランジェ夫妻の研究に着目し、ウィルフレッド・ビオンの理論を拡張した「ポスト・ビオン派フィールド理論」を提起。2007年にシガニー賞を受賞。日本語で読める著書として『物語と治療としての精神分析』〔金剛出版，2023〕がある。

kodachi no bunko

もうひとつの精神分析入門

こころというフィールドとの出会い

2024年6月10日　初版第1刷印刷
2024年6月20日　初版第1刷発行

著　者　チヴィタレーゼ, G. ／ フェッロ, A.
監訳者　筒井亮太
訳　者　川﨑俊法・淺田慎太郎・
早瀬三喜・檜山 笑

発行者　津田敏之
発行所　株式会社 木立の文庫
京都市下京区新町通松原下る富永町107-1
telephone 075-585-5277　facsimile 075-320-3664
https://kodachino.co.jp/

造　本　上野かおる
DTP組版　東 浩美
印刷製本　亜細亜印刷株式会社

ISBN 978-4-909862-34-1　C3011